ERSTE AUSGABE - Veröffentlicht 2022

Extra Grafikmaterial von: www.freepik.com
Dank an: Alekksall, Starline, Pch.vector, Rawpixel.com, Vectorpocket, Dgim-studio, Upklyak, Macrovector, Stockgiu, Pikisuperstar & Freepik.com Designers

Kostenlose Online-Spiele Entdecken

Hier Erhältlich:

BestActivityBooks.com/FREEGAMES

5 TIPPS FÜR DEN ANFANG!

1) LÖSUNG DER RÄTSEL

Die Puzzles haben ein klassisches Format :

- Die Wörter sind ohne Abstand, Bindetrich usw… versteckt
- Richtung : vor-& rückwärts, auf & ab oder in der Diagonale (beider Richtungen)
- Die Wörter können übereinanderliegen oder sich kreuzen

2) AKTIVES LERNEN

Neben jedem Wort ist ein Abstand vorgesehen zum Aufschreiben der Übersetzung. Um ihre Kenntnisse zu überprüfen und zu erweitern befindet sich am Ende des Buches ein **WÖRTERBUCH**. Suchen sie die Übersetzungen, schreiben sie sie auf, dann können sie sie in den. Puzzles suchen und ihrem Wortschatz hinzufügen.

3) ANZEICHNUNG DER WÖRTER

Haben sie schon einmal versucht eine Anzeichnung zu verwenden? Sie könnten zum Beispiel die Wörter, die schwer zu finden sind, ankreuzen, die Wörter, die sie lieben, mit einem Stern, neue Wörter mit einem Dreieck, seltene Wörter mit einem Diamant usw … anzeichnen

4) IHR LERNEN ORGANISIEREN

Am Ende dieser Ausgabe bieten wir auch ein praktisches **NOTIZBUCH** an. Ob im Urlaub, auf Reisen oder zu Hause, sie können ihr neues Wissen ganz einfach organisieren, ohne ein zweites Notizbuch zu benötigen!

5) SIND SIE AM SCHLUSS ?

Gehen sie zum Bonusbereich : **MONSTER-HERAUSFÖRDERUNG,** um ein kostenloses Spiel zu finden, das am Ende dieser Ausgabe angeboten wird !

Lust auf mehr Spaß und **Lernaktivitäten? Schnell und einfach :** eine ganze Spielbuchsammlung mit einem einzigen Klick erhaltbar :

Mit diesem Link finden sie ihre nächste Herausforderung :

BestActivityBooks.com/MeineNachsteWortsuche

Achtung, fertig, ... Los !!

Wussten sie, dass es auf der Welt ungefähr 7.000 verschiedene Sprachen gibt ? Wörter sind kostbar.

Wie lieben Sprachen und haben schwer daran gearbeitet, die Bücher von höchster Qualität für sie zu entwerfen. Unsere Zutaten ?

Eine Auswahl von angepassten Lernthemen, drei große Scheiben Spaß, dann fügen wir einen Löffel schwieriger Wörter und eine Prise seltener Wörter hinzu. Wir servieren sie mit Sorgfalt und ein Maximum an Freude, damit sie die besten Wortspiele lösen und Spaß am Lernen haben.

Ihre Meinung ist wichtig. Sie können aktiv zum Erfolg dieses Buches beitragen, indem sie uns eine Bemerkung hinterlassen. Sagen sie uns, was ihnen an dieser Ausgabe am besten gefallen hat !!

Hier ist ein kurzer Link, der sie zu ihrer Bewertungsseite führt

BestBooksActivity.com/Rezension50

Vielen Dank für ihre Hilfe und viel Spaß

Linguas Classics

1 - Ozean

ऑ	ड	म	भ	क	ख	त	थ	आ	म	श	र	त	क
ध	क	◌ॉ	आ	ध	◌े	म	◌ू	◌ं	ग	◌ा	श	घ	छ
ञ	प	◌्	ल	र	ध	क	ट	ध	भ	र	च	स	◌ु
फ	घ	ञ	ट	◌्	फ	फ	ड	◌ी	प	◌्	ट	ट	आ
छ	त	ञ	छ	◌ो	फ	इ	ठ	◌़	ढ	क	◌्	ड	ञ
ग	च	न	स	इ	प	◌ि	ठ	घ	◌ा	ट	ट	आ	ख
ए	ल	फ	ऊ	ख	ट	स	न	म	क	◌ू	◌ा	ढ	झ
ल	ह	ग	भ	ख	ख	◌ी	घ	थ	ख	न	न	ह	◌ी
ऊ	र	ष	ग	स	◌्	प	◌ं	ज	ड	◌ा	◌ा	ल	◌ं
ज	◌े	ल	◌ि	फ	◌़	◌ि	श	छ	ख	ल	व	व	ग
घ	◌ं	य	र	ठ	ज	◌्	व	◌ा	र	व	र	◌्	◌ा
स	म	◌ु	द	◌्	र	◌ी	श	◌ै	व	◌ा	ल	ह	ऊ
उ	ञ	य	ध	ढ	ण	प	ऊ	ष	श	न	स	◌े	व
ल	इ	ड	ड	ण	इ	इ	ऊ	घ	उ	म	छ	ल	◌ी

सीप
नाव
डॉल्फिन
मछली
झींगा
ज्वार
शार्क
मूंगा
केकड़ा
ऑक्टोपस
जेलीफ़िश
चट्टान
नमक
कछुआ
स्पंज
समुद्री शैवाल
आंधी
टूना
व्हेल
लहरें

2 - Schule #1

च	ध	प	आ	प	र	◌ी	क	◌्	ष	◌ा	श	द	ञ
ठ	ड	◌े	क	ध	◌ु	त	ब	उ	घ	ह	◌ि	◌ो	उ
ह	द	◌ं	क	द	य	स	प	च	य	ध	क	प	स
द	◌ो	स	◌्	त	◌ो	◌ं	◌्	ढ	ट	स	◌्	ह	व
आ	ष	◌ि	ष	ड	थ	र	र	त	ऊ	न	ष	र	प
फ	भ	ल	◌ा	◌े	न	ख	श	ख	क	व	क	क	◌ु
ज	र	ण	ट	स	च	ड	◌्	द	◌ु	◌े	ण	◌ा	स
ठ	व	ढ	ए	◌्	आ	ख	न	स	र	ढ	◌ं	भ	◌्
च	ञ	◌ा	ऊ	क	फ	◌़	◌ो	ल	◌्	ड	र	◌ो	त
श	ढ	ण	ब	◌ा	ऊ	ग	त	थ	स	म	य	ज	क
ल	ठ	ह	ब	ग	च	ण	◌्	उ	◌ी	द	ध	न	◌ा
व	छ	न	ख	ज	व	◌ि	त	घ	द	ध	ह	ण	ल
क	ल	म	ज	◌़	◌ा	त	र	ख	इ	र	छ	द	य
ट	ञ	आ	घ	ठ	भ	स	◌ी	ड	च	द	ए	व	च

जवाब
पुस्तकालय
पेंसिल
पुस्तकें
दोस्तों
कक्षा
शिक्षक
गणित
दोपहर का भोजन
फ़ोल्डर
कागज
परीक्षा
प्रश्नोत्तरी
डेस्क
मज़ा
कलम
कुर्सी

3 - Meditation

थ	ध	न	थ	म	प	ध	आ	थ	ए	श	छ	प	प
ख	ब	त	इ	व	घ	◌्	च	च	ढ	व	छ	ञ	र
प	ध	घ	म	ष	ड	य	प	◌्	र	क	◌ृ	त	◌ि
ष	म	◌ौ	न	थ	ढ	◌ा	ध	ड	छ	म	भ	ख	प
द	य	◌ा	श	न	आ	न	ण	फ	फ	थ	क	◌ु	◌्
द	ज	म	न	आ	ब	न	ऊ	छ	ड	ग	◌ृ	श	र
य	◌ा	श	न	स	स	◌्	प	ष	◌्	ट	त	◌ा	◌े
◌ा	ग	स	ध	न	◌ि	ब	घ	स	न	श	ज	◌ं	क
ल	व	ह	श	ल	ह	क	ग	श	र	◌ा	◌्	त	◌्
◌ु	◌ि	स	◌्	व	◌ी	क	◌ृ	त	◌ि	◌ं	ञ	भ	ष
त	च	◌ं	व	आ	द	उ	प	प	◌ि	त	त	आ	◌्
◌ा	◌ा	ग	◌ा	छ	म	ब	त	ढ	ठ	◌ि	◌ा	ब	य
ठ	र	◌ी	स	ध	थ	ठ	ठ	ठ	आ	ध	य	च	ह
आ	ट	त	ष	त	च	र	स	म	आ	ण	ञ	प	ष

स्वीकृति
श्वास
ध्यान
गति
कृतज्ञता
दयालुता
शांति
विचार
मानसिक
खुश

आसन
स्पष्टता
दया
संगीत
प्रकृति
परिप्रेक्ष्य
शांत
मौन
मन
जाग

4 - Meisterschaft

प	च	उ	च	त	ध	ह	र	ट	ग	च	ट	र	द
ह	◌्	◌ै	ड	ढ	द	म	ण	भ	प	◌ै	◌ू	ढ	य
आ	फ	र	◌ं	छ	फ	ड	न	ए	इ	म	र	य	न
भ	◌ा	प	द	प	स	घ	◌ी	क	ख	◌्	◌्	ञ	ख
इ	इ	य	ढ	र	◌ि	घ	त	◌ो	प	प	न	ठ	थ
ह	न	ञ	य	ग	◌्	य	◌ि	च	घ	◌ि	◌ा	ए	ट
ढ	ल	ग	व	प	म	श	न	र	ऊ	य	म	ठ	फ
ट	◌ी	श	उ	स	ह	न	न	श	ब	न	◌े	ढ	ब
इ	ग	व	र	ख	प	द	क	र	भ	श	◌ं	थ	र
प	द	म	ह	◌े	इ	ठ	फ	उ	ए	◌ि	ट	ठ	व
ख	स	थ	र	ल	श	आ	ख	ल	घ	प	ब	घ	◌ि
भ	ट	◌ी	ब	ढ	ह	य	थ	ट	◌ी	म	ब	उ	ज
ऊ	इ	ष	न	प	◌्	र	◌े	र	ण	◌ा	द	ष	य
घ	न	◌्	य	◌ा	य	◌ा	ध	◌ी	श	ह	ध	ष	ख

सहन
चैंपियन
फाइनल
लीग
टीम
पदक
चैम्पियनशिप
प्रेरणा
प्रदर्शन
न्यायाधीश
पसीना
विजय
खेल
रणनीति
कोच
टूर्नामेंट

5 - Insekten

स	ड	ठ	स	ण	इ	त	श	ख	म	त	च	ञ	ब
◌ि	◌्	ण	ग	न	उ	◌ि	आ	ष	द	छ	स	स	च
क	र	ए	फ	◌ि	ड	ल	◌ा	र	◌्	व	◌ा	ध	ण
◌ा	◌ै	द	ए	त	ष	च	ट	प	भ	◌ि	◌ं	ड	◌ी
ड	ग	ञ	◌ी	घ	र	ट	स	स	◌ि	ष	द	फ	उ
◌ा	न	च	ऊ	म	च	◌्	छ	र	प	स	भ	न	ख
ट	फ	त	◌ी	ल	क	ट	य	ख	ह	ध	◌्	र	त
◌ि	◌्	आ	ण	◌ं	ऊ	◌ा	क	◌ी	ट	ष	ड	स	ढ
ड	ल	फ	ग	ष	ट	म	उ	ञ	त	छ	घ	भ	◌ू
◌्	◌ा	घ	ड	च	इ	◌ी	क	◌ी	ड	◌़	◌ा	◌ृ	र
ड	ई	त	त	◌ै	य	◌ा	त	◌ि	त	ल	◌ी	◌ं	थ
◌ी	म	ध	◌ु	म	क	◌्	ख	◌ी	ण	र	ढ	ग	छ
न	ल	थ	य	ब	ब	ढ	ड	ऊ	च	य	उ	थ	आ
ठ	ग	इ	न	व	ध	च	य	ढ	श	ह	ट	म	य

चींटी
मधुमक्खी
एफिड
पिस्सू
टिड्डी
तिलचट्टा
भृंग
लार्वा
ड्रैगनफ्लाई
भिंडी
कीट
मच्छर
तितली
दीमक
ततैया
कीड़ा
सिकाडा

6 - Dinosaurier

ब	श	क	◌्	त	◌ि	श	◌ा	ल	◌ी	य	ए	न	स
ऊ	ड	प	◌्	र	ज	◌ा	त	◌ि	य	◌ा	◌ं	स	र
ढ	फ	◌़	ज	◌ी	व	◌ा	श	◌्	म	प	◌ं	ख	◌्
श	◌ि	क	◌ा	र	◌ै	प	◌्	ट	र	◌ू	र	ल	व
म	◌ा	◌ं	स	◌ा	ह	◌ा	र	◌ी	ण	◌ं	ड	ग	भ
व	श	◌ा	त	◌ि	र	छ	घ	उ	र	छ	ष	फ	क
अ	◌ि	ए	ह	घ	व	◌ि	क	◌ा	स	ठ	आ	ए	◌्
◌ं	उ	श	◌ा	क	◌ा	ह	◌ा	र	◌ी	ब	य	च	ष
त	द	फ	◌ा	र	स	छ	ण	द	ध	आ	ष	च	◌ी
र	व	व	फ	ल	र	ग	ट	प	भ	ऊ	क	म	प
◌्	ञ	आ	ध	न	◌ी	घ	म	थ	र	ह	श	◌ा	ट
ध	न	र	च	ट	स	ढ	ढ	आ	उ	न	ए	ष	र
◌ा	ञ	ए	स	द	◌ृ	प	द	ह	ब	ण	ऊ	ख	ध
न	य	ढ	छ	श	प	◌ृ	थ	◌्	व	◌ी	श	ड	ठ

सर्वभक्षी
प्रजातियां
शिकार
शातिर
पृथ्वी
विकास
मांसाहारी
पंख
जीवाश्म
बड़ा
आकार
शक्तिशाली
विशाल
शाकाहारी
रैप्टर
सरीसृप
पूंछ
अंतर्धान

7 - Obst

ब	इ	ठ	य	फ	न	◌ा	र	◌ि	य	ल	ट	ठ	च
थ	ह	ह	फ	र	य	स	ए	त	न	र	व	घ	ड
ष	म	ञ	ब	ञ	घ	र	श	न	च	ब	त	घ	थ
अ	न	न	◌्	न	◌ा	स	ख	फ	स	◌े	ब	क	आ
त	◌ी	ख	ल	ठ	ढ	भ	छ	◌ु	◌़	र	भ	◌े	ड
र	◌ं	र	◌ै	ड	न	र	छ	ट	ब	त	च	ल	◌़
ब	ब	द	क	◌ी	व	◌ी	प	घ	थ	◌ा	◌ा	◌ा	◌ू
◌ू	◌ू	म	ब	ल	थ	श	र	आ	न	ध	न	ल	आ
ज	श	ए	◌े	फ	छ	फ	ख	ढ	◌ा	ग	घ	◌ी	◌ू
इ	स	ध	र	म	च	ष	न	ब	श	ध	थ	व	ऊ
स	ह	थ	◌ी	च	ए	◌े	ड	◌े	प	ध	ह	ग	श
इ	अ	◌ं	ग	◌ू	र	स	र	र	◌ा	ट	प	च	म
न	◌ा	र	◌ं	ग	◌ी	प	प	◌ी	त	◌ा	द	च	उ
ह	ष	ए	व	◌ो	क	◌ा	ड	◌ो	◌ी	ण	ट	य	भ

अनन्नास
सेब
खुबानी
एवोकाडो
केला
बेरी
नाशपाती
ब्लैकबेरी
रसभरी
चेरी
कीवी
नारियल
तरबूज
शफ़तालू
नारंगी
पपीता
आड़ू
बेर
अंगूर
नींबू

8 - Schule #2

स	◌ा	ह	◌ि	त	◌्	य	श	ब	◌्	द	क	◌ो	श
◌ं	प	ए	आ	ह	ग	श	ग	व	फ	ग	ह	थ	प
ग	न	द	ध	द	द	ढ	◌ि	ण	ष	म	ब	ल	◌ु
ण	श	ब	प	◌ु	स	◌्	त	क	◌ा	ल	य	ञ	स
क	भ	स	◌ै	व	त	ढ	स	र	◌्	ध	म	स	◌्
ट	ष	ग	ञ	ग	ल	उ	◌ी	च	व	ष	म	प	त
प	ढ	◌़	न	◌ा	ष	श	ख	ह	ढ	फ	◌ा	◌्	क
◌े	क	◌ा	ग	ज	व	◌ि	ज	◌्	ञ	◌ा	न	त	◌े
◌ं	फ	व	◌्	य	◌ा	क	र	ण	ष	भ	भ	◌ा	◌ं
स	छ	श	ख	र	र	◌्	◌ै	थ	थ	ल	फ	ह	आ
◌ि	ष	ऊ	ञ	ख	छ	ष	ए	◌ं	म	आ	ब	◌ा	ब
ल	ध	श	ण	य	इ	क	ख	ह	च	ऊ	ह	◌ं	ण
क	◌ै	ल	◌े	◌ं	ड	र	य	त	म	◌ी	न	त	न
र	ब	ड	◌़	घ	क	ल	म	ढ	ड	र	ठ	ड	भ

पुस्तकालय
शिक्षा
पेंसिल
बस
पुस्तकें
संगणक
व्याकरण
कैलेंडर
शिक्षक
सीख

पढ़ना
साहित्य
कागज
रबड़
बैग
कैंची
कलम
विज्ञान
सप्ताहांत
शब्दकोश

9 - Spielzeuge

आ	च	ण	च	ड	ख	घ	ठ	प	ह	◌े	ल	◌ी	श
ट	◌्	र	क	ष	थ	ह	श	त	र	◌ं	ज	ग	त
◌्	ञ	◌ो	◌ा	ध	स	ख	ठ	◌ं	ह	इ	प	ऊ	ब
र	ड	ब	र	स	ह	ष	द	ग	च	ष	◌ु	आ	म
◌े	द	◌ो	व	◌ा	इ	इ	प	ण	स	उ	स	इ	ट
न	ष	ट	थ	इ	ध	उ	र	ह	ए	ड	◌्	र	म
व	ऊ	इ	ब	क	ल	ह	ठ	न	स	ण	त	स	इ
ग	◌ि	य	ए	◌ि	फ	ख	ध	ष	ब	प	क	ब	श
◌ु	श	म	आ	ल	ट	ञ	◌े	क	उ	र	◌े	न	ऊ
ड	त	प	◌ा	य	प	ल	आ	ल	म	व	◌ं	ड	व
◌ं	ञ	न	ख	न	श	◌ि	ल	◌्	प	ग	◌े	◌ं	द
◌ि	त	फ	ध	ऊ	◌ा	श	ण	प	◌्	र	◌ि	य	ष
य	ढ	र	आ	श	इ	व	न	न	आ	श	प	ब	ब
◌ा	म	◌ि	ट	◌्	ट	◌ी	प	◌ा	ढ	म	आ	य	च

कार
गेंद
नाव
पुस्तकें
पतंग
साइकिल
प्रिय
विमान
शिल्प
ट्रक

कल्पना
गुड़िया
पहेली
रोबोट
शतरंज
ड्रम
खेल
मिट्टी
ट्रेन

10 - Komödie

प	ट	य	र	त	य	उ	च	च	ऊ	श	भ	श	प
ब	◌ै	◌े	थ	फ	ए	इ	त	◌ु	ण	इ	◌ै	ऊ	ढ
घ	ष	र	ल	ख	ण	आ	◌ु	ट	प	ञ	स	ल	ख
ञ	र	न	◌ो	◌ी	श	अ	र	क	श	ऊ	न	ख	◌ी
स	घ	इ	ह	ड	व	भ	ऊ	◌ु	ए	ह	◌ँ	स	◌ी
◌ू	म	ज	◌़	◌ा	◌ी	◌ि	र	ल	प	◌ा	त	र	ग
च	छ	व	भ	ध	ष	न	ज	◌े	स	स	ध	य	त
क	द	◌ा	भ	स	ढ	◌े	ज	न	फ	◌्	स	य	व
ब	र	ह	भ	ल	ड	त	◌ो	ड	फ	य	ढ	उ	च
ऊ	◌्	व	ञ	छ	इ	◌ा	क	◌ा	म	च	ल	◌ा	ऊ
ए	श	◌ा	थ	◌ि	ए	ट	र	फ	व	उ	ख	प	ह
घ	क	ह	प	च	ब	ड	ऊ	म	ड	फ	भ	च	त
ड	थ	◌ी	छ	श	ल	ए	ग	छ	भ	ध	घ	ण	इ
इ	उ	ड	च	अ	भ	◌ि	न	◌े	त	◌्	र	◌ी	फ

वाहवाही
सूचक
जोकर
टेलीविजन
शैली
हास्य
कामचलाऊ
चतुर
हँसी
पैरोडी
दर्शक
अभिनेता
अभिनेत्री
मज़ा
थिएटर
चुटकुले

11 - Camping

ट	ल	ढ	म	श	झ	क	ध	न	ल	ढ	ढ	ञ	न
◌ो	ए	छ	ज	◌ि	◌ू	झ	◌ी	ल	र	फ	ब	म	इ
प	च	फ	◌़	क	ल	न	प	ट	ण	भ	ए	फ	भ
◌ी	ए	ध	◌ा	◌ा	◌ा	ट	ध	◌्	ऊ	प	द	व	न
प	द	थ	श	र	स	◌्	स	◌ी	र	इ	न	ड	ऊ
ह	म	ऊ	म	क	ख	ड	भ	इ	ड	क	य	स	द
◌ा	द	प	र	र	आ	छ	ष	ढ	च	◌ो	◌ृ	त	ट
ड	म	ध	श	न	क	◌्	श	◌ा	ह	क	◌ं	त	ग
◌़	घ	छ	स	◌ा	ह	स	◌ि	क	ए	◌े	च	ग	◌ि
च	द	◌ि	क	◌्	स	◌ू	च	क	ण	ब	व	फ	◌ी
त	◌ं	ब	◌ू	आ	म	च	म	च	ब	◌ि	प	ण	ण
ध	द	छ	भ	ग	ल	◌ा	ल	ट	◌े	न	फ	आ	न
थ	व	र	उ	छ	र	◌ँ	ज	◌ा	न	व	र	◌ो	◌ं
भ	स	ल	ढ	ष	छ	द	ट	प	ष	ड	छ	उ	छ

साहासिक
पहाड़
आग
झूला
टोपी
कीट
शिकार करना
केबिन
डोंगी
नक्शा

दिक्सूचक
लालटेन
चाँद
प्रकृति
झील
रस्सी
मज़ा
जानवरों
वन
तंबू

12 - Zeit

ट	स	श	ड	ढ	थ	घ	स	च	ढ	द	स	आ	भ
म	फ	ग	छ	उ	भ	च	च	आ	ग	म	ु	ब	व
ह	ह	ट	ञ	च	छ	श	ण	म	क	अ	ब	न	ि
ए	ध	ी	इ	स	स	े	प	ह	ल	े	ह	ख	ष
ष	ल	य	न	त	ठ	ए	थ	आ	ल	आ	ब	छ	्
व	द	उ	आ	ा	स	द	ी	ठ	ग	स	ह	ा	य
ढ	ा	म	भ	ग	र	ण	भ	द	ो	प	ह	र	द
ढ	ढ	र	म	ि	न	ट	छ	श	श	्	ख	श	ट
स	ख	फ	्	व	र	्	ष	क	इ	त	ह	छ	घ
र	ा	त	ल	ष	द	य	इ	ड	स	ा	ट	ए	ं
थ	ब	द	घ	ख	ि	ष	उ	फ	स	ह	घ	ट	ट
छ	फ	य	आ	ज	न	क	ै	ल	े	ं	ड	र	ा
फ	य	न	ब	फ	र	घ	म	ष	त	र	़	थ	श
आ	श	च	फ	इ	श	ठ	घ	ए	र	ड	ी	आ	ठ

कल
आज
वर्ष
सदी
दशक
वार्षिक
अब
कैलेंडर
मिनट
दोपहर

महीना
सुबह
के बाद
रात
घंटा
दिन
घड़ी
इससे पहले
सप्ताह
भविष्य

13 - Säugetiere

ख	ट	घ	च	ड	श	ग	ह	न	व	त	व	द	छ
ड	ह	स	इ	ठ	छ	ष	फ	ब	◌्	ण	म	ब	ए
स	च	ठ	ठ	भ	भ	ट	श	भ	ह	द	ए	उ	ज
उ	य	श	ण	छ	◌ा	◌े	च	◌े	◌े	घ	ह	ब	◌़
थ	व	न	व	भ	ल	ह	ड	ड	ल	ठ	द	छ	◌े
क	◌ं	ग	◌ा	र	◌ू	उ	ब	◌़	ब	◌ु	ल	ऊ	ब
ग	◌ो	र	◌ि	ल	◌्	ल	◌ा	◌ि	द	फ	ष	घ	र
ऊ	ल	य	इ	ण	स	प	घ	य	च	ण	र	◌ो	◌ा
थ	द	न	◌ो	घ	ज	◌ि	र	◌ा	फ	◌़	ए	ड	ट
ह	ढ	ब	श	ट	त	◌े	◌ं	द	◌ु	आ	श	◌़	स
च	ण	◌ं	◌ि	च	◌ू	ह	◌ा	ह	◌ा	थ	◌ी	◌ा	श
फ	ठ	द	छ	ल	◌ो	म	ड	◌़	◌ी	र	त	श	◌े
ए	भ	र	ए	भ	◌ा	ञ	क	◌ु	त	◌्	त	◌ा	र
ल	र	ढ	ड	व	ढ	व	फ	ब	म	उ	ष	ल	ञ

बंदर
भालू
ऊदबिलाव
हाथी
लोमड़ी
जिराफ़
गोरिल्ला
कुत्ता
कंगारू
कोयोट
शेर
तेंदुआ
घोड़ा
चूहा
भेड़
बुल
बाघ
व्हेल
भेड़िया
ज़ेबरा

14 - Astronomie

ट	ण	ह	प	ह	फ	श	उ	द	द	थ	घ	ब	ण
उ	ल	◌्	क	◌ा	द	प	घ	छ	इ	ए	ट	◌्	ख
ग	न	च	थ	द	प	◌ृ	थ	◌्	व	◌ी	ग	र	ग
स	द	◌ू	र	ब	◌ी	न	भ	त	◌े	च	◌्	ह	◌ो
◌ं	◌ु	ल	ष	र	य	ष	◌ि	य	ध	◌ा	र	◌्	ल
स	उ	प	ग	◌्	र	ह	इ	ह	श	◌ॅ	ह	म	व
◌ा	ष	य	र	आ	क	◌ा	श	प	◌ा	द	श	◌ा	◌ि
र	व	ख	◌ा	न	त	◌ा	र	◌ा	ल	र	ऊ	◌ं	ज
ल	य	ध	श	इ	◌ो	उ	ए	आ	◌ा	◌ॉ	◌ि	ड	◌्
ट	र	ट	◌ि	स	म	व	म	ख	व	क	ह	क	ञ
स	◌ू	र	◌्	य	ढ	ठ	◌ा	ष	ह	◌े	ड	ञ	◌ा
आ	क	◌ा	श	ग	◌ं	ग	◌ा	प	ध	ट	र	ख	न
क	◌्	ष	◌ु	द	◌्	र	ग	◌्	र	ह	ध	ष	◌ी
ऊ	न	क	◌्	ष	त	◌्	र	ब	ध	आ	ब	प	भ

क्षुद्रग्रह
खगोल विज्ञानी
पृथ्वी
आकाशगंगा
आकाश
नक्षत्र
ब्रह्मांड
उल्का
चाँद
निहारिका
वेधशाला
ग्रह
रॉकेट
उपग्रह
सूर्य
तारा
सुपरनोवा
दूरबीन
राशि
संसार

15 - Ballett

स	◌ं	ग	◌ी	त	क	◌ा	र	य	ड	द	इ	ष	न
य	ण	श	ल	स	त	त	थ	ब	ण	र	ऊ	ध	र
र	फ	ञ	उ	त	श	न	ञ	◌ै	त	◌्	ष	प	◌्
श	◌ि	न	◌ृ	त	◌्	य	क	ल	◌ा	श	स	इ	त
त	◌ै	ह	ठ	◌ा	ऊ	य	ञ	◌े	त	क	न	◌ी	क
◌ी	न	ल	र	ल	ब	घ	भ	न	व	ए	क	ल	◌ि
व	र	ञ	◌ी	◌्	स	◌ू	च	क	श	द	ढ	व	य
◌्	थ	ध	भ	इ	स	◌ु	◌ं	द	र	आ	व	◌ा	◌ो
र	इ	ण	ह	स	द	ल	थ	छ	य	ध	स	ह	◌ं
त	म	◌ा	◌ं	स	प	◌े	श	◌ि	य	◌ो	◌ं	व	इ
◌ा	क	◌ौ	श	ल	ऊ	य	ष	ध	ब	च	ग	◌ा	श
ऑ	र	◌्	क	◌े	स	◌्	ट	◌्	र	◌ा	◌ी	ह	◌ा
क	ल	◌ा	त	◌्	म	क	च	व	घ	छ	त	◌ी	र
ए	र	थ	द	घ	ष	उ	भ	आ	व	ऊ	ए	स	◌ा

सुंदर
वाहवाही
सूचक
बैले
नृत्यकला
कौशल
इशारा
तीव्रता
संगीतकार
कलात्मक

संगीत
मांसपेशियों
ऑर्केस्ट्रा
रिहर्सल
दर्शक
ताल
एकल
शैली
नर्तकियों
तकनीक

16 - Strand

ख	प	ढ	ब	क	फ	ग	त	ऊ	ऊ	न	द	ञ	व
त	प	ड	प	◌े	ट	◌ो	ढ	ष	इ	छ	◌ी	आ	ह
ड	श	स	ष	क	इ	द	न	ष	च	आ	ण	ल	स
थ	ञ	◌ू	र	ड	म	◌ी	ष	ण	भ	ढ	छ	न	◌ा
च	ए	र	त	◌़	ठ	ए	ठ	ऊ	य	व	◌ु	च	द
च	ट	◌्	ट	◌ा	न	स	◌े	ल	ब	◌ो	ट	न	◌्
छ	इ	य	म	थ	र	ए	च	ट	उ	थ	◌्	◌ा	व
◌ा	घ	ल	स	म	◌ु	द	◌्	र	इ	ए	ट	व	◌ी
त	◌ौ	ल	◌ि	य	◌ा	न	य	ड	प	ञ	◌ी	व	प
◌ा	ट	स	◌ै	◌ं	ड	ल	फ	घ	ए	त	न	प	आ
ध	ब	स	◌ा	ग	र	भ	घ	च	श	ल	श	व	प
ञ	घ	च	त	छ	◌ू	त	ए	ण	ग	ह	ग	भ	ख
ण	ब	ञ	श	ब	य	न	ष	न	इ	ण	ट	र	भ
ए	त	आ	ठ	र	◌े	त	द	फ	ड	त	र	ह	उ

नीला
नाव
गोदी
तौलिया
द्वीप
केकड़ा
तट
लैगून
समुद्र

सागर
छाता
चट्टान
रेत
सैंडल
सेलबोट
सूर्य
छुट्टी

17 - Restaurant #1

भ	श	म	◌े	न	◌्	य	◌ू	भ	◌ो	ज	न	ढ	ग
ट	आ	उ	◌ि	य	ग	फ	ढ	इ	ञ	आ	प	श	फ
थ	र	ट	छ	ठ	ण	श	ध	ब	ख	उ	प	ड	भ
ब	क	ञ	ट	च	◌ा	क	◌ू	इ	ज	ए	न	भ	उ
ष	◌्	◌ॉ	ए	छ	व	ई	भ	ढ	◌ा	ल	◌ै	ध	क
ण	ष	ध	फ	भ	ट	◌े	च	श	◌ं	र	प	च	ट
स	ण	ऊ	ढ	◌़	म	ष	ट	प	च	◌्	क	◌ि	◌ो
म	आ	म	ख	न	◌ी	य	न	◌्	◌ी	ज	◌ि	क	र
◌ा	म	उ	ठ	ए	स	र	◌ी	ल	र	◌ी	न	न	◌ा
◌ं	ए	ए	त	च	ऊ	ठ	म	◌े	◌ो	◌े	र	घ	छ
स	थ	ष	म	न	स	स	द	ट	ट	ण	स	र	व
म	स	◌ा	ल	◌े	द	◌ा	र	य	◌ी	द	◌ो	ह	ष
य	त	न	आ	ट	ख	न	फ	थ	ऊ	ए	ई	घ	र
ण	व	प	ण	स	ण	घ	घ	घ	ञ	च	फ	उ	ष

एलर्जी
रोटी
मिठाई
भोजन
मांस
चिकन
कॉफ़ी
खजांची
वेट्रेस
रसोई
मेन्यू
चाकू
आरक्षण
कटोरा
नैपकिन
चटनी
प्लेट
मसालेदार

18 - Geologie

इ	व	स	ख	फ	छ	र	म	च	छ	ल	ट	ह	ब
स	ज	ध	न	ञ	ग	घ	ह	य	च	म	छ	ष	प
ब	◌्	ध	◌ि	ढ	ष	ह	◌ा	ग	◌ु	फ	◌ा	आ	◌ि
थ	व	ट	ज	प	भ	च	द	ध	च	ह	आ	उ	घ
ए	◌ा	ह	◌ै	आ	छ	क	◌्	र	◌ि	स	◌्	ट	ल
ल	ल	य	म	ल	ध	◌्	व	स	म	क	क	न	◌ा
क	◌ा	ल	म	ल	◌े	र	◌ी	स	◌ू	◌्	◌ै	ढ	ह
◌्	म	व	ब	ट	न	क	प	र	◌ं	व	ल	ध	◌ु
ष	◌ु	न	◌ा	छ	क	ल	◌्	ऊ	ग	◌ा	◌्	प	आ
◌े	ख	त	म	घ	ट	ठ	फ	ट	◌ा	र	श	ठ	श
त	◌ी	त	य	क	◌ा	न	म	ऊ	◌ि	◌्	◌ि	◌ा	द
◌्	ए	स	◌ि	ड	व	म	ध	म	ण	ट	य	र	घ
र	ठ	ड	ढ	घ	ज	◌ी	व	◌ा	श	◌्	म	ठ	छ
भ	◌ू	क	◌ं	प	प	त	◌्	थ	र	ज	ख	प	ए

भूकंप
कटाव
जीवाश्म
पिघला हुआ
गुफा
कैल्शियम
महाद्वीप
मूंगा
क्रिस्टल
लावा
खनिज
पठार
क्वार्ट्ज
नमक
एसिड
स्टैलेक्टिट
पत्थर
ज्वालामुखी
क्षेत्र
चक्र

19 - Wissenschaft

ख	भ	◌ौ	त	◌ि	क	व	◌ि	ज	◌्	ञ	◌ा	न	र
न	ग	◌ु	र	◌ु	त	◌्	व	◌ा	क	र	◌्	ष	ण
◌ि	प	प	◌्	र	य	◌ो	ग	श	◌ा	ल	◌ा	ठ	छ
ज	ज	र	प	◌ौ	ध	◌े	ख	च	प	त	न	म	ष
ष	◌ी	व	◌ि	क	◌ा	स	आ	प	◌्	र	य	◌ो	ग
उ	व	इ	श	क	भ	ञ	च	ड	र	ह	श	ड	र
छ	श	द	क	र	ल	फ	प	प	क	द	स	ञ	◌ा
ढ	ऊ	ब	ण	ज	ह	◌्	ऊ	ढ	◌ृ	ञ	उ	स	स
इ	ष	आ	त	ट	ल	न	प	ब	त	थ	◌्	य	◌ा
अ	ण	◌ु	ओ	◌ं	र	व	ध	न	◌ि	च	ण	ल	य
प	र	म	◌ा	ण	◌ु	ढ	◌ा	ड	◌ा	छ	ष	ष	न
त	र	◌ी	क	◌ा	ह	थ	ट	य	◌े	स	स	ठ	◌ि
ज	◌ी	व	◌ा	श	◌्	म	ण	व	◌ु	ट	ष	ऊ	क
ष	न	व	◌ै	ज	◌्	ञ	◌ा	न	◌ि	क	◌ा	भ	घ

परमाणु
रासायनिक
डेटा
विकास
प्रयोग
जीवाश्म
परिकल्पना
जलवायु
प्रयोगशाला
तरीका

खनिज
अणुओं
प्रकृति
जीव
कण
पौधे
भौतिक विज्ञान
गुरुत्वाकर्षण
तथ्य
वैज्ञानिक

20 - Bildende Kunst

र	थ	क	इ	क	ह	र	फ	ष	व	ग	उ	घ	प
ट	प	◌ृ	ट	ल	ह	ल	भ	ए	ग	ठ	त	प	र
च	थ	त	व	◌ा	र	◌्	न	◌ि	श	ण	ध	ब	◌ि
◌ि	◌ि	◌ि	ष	क	श	प	ण	फ	च	र	ख	र	प
त	व	त	च	◌ा	प	◌े	◌ं	स	◌ि	ल	त	च	◌्
◌्	श	फ	◌्	र	न	ट	थ	◌्	त	ल	स	न	र
र	ल	द	न	र	ढ	ग	ग	ट	◌्	ए	◌्	◌ा	◌े
फ	ठ	ड	ऊ	त	म	आ	ऊ	◌ै	र	ड	व	म	क
ल	म	◌ि	ट	◌्	ट	◌ी	ड	◌ं	क	ण	◌ी	◌ो	◌्
क	ञ	च	◌ा	क	थ	छ	इ	स	◌ा	घ	र	म	ष
छ	उ	च	ह	य	च	ड	ऊ	◌ि	र	ञ	ञ	ब	◌्
क	ग	भ	श	घ	ष	ठ	ष	ल	◌ी	ल	ढ	ढ	य
ल	र	च	न	◌ा	त	◌्	म	क	त	◌ा	प	ट	द
म	◌ू	र	◌्	त	◌ि	क	ल	◌ा	फ	ब	ऊ	ध	फ

पेंसिल
फिल्म
तस्वीर
चित्रकारी
रचनात्मकता
चाक
कलाकार
वार्निश
कृति
परिप्रेक्ष्य
चित्र
स्टैंसिल
मूर्तिकला
चित्रफलक
कलम
मिट्टी
मोम
रचना

21 - Sport

ब	श	ए	त	य	स	ग	◌ो	ल	◌्	फ	उ	न	स
श	◌ा	व	◌्	य	◌ा	य	◌ा	म	श	◌ा	ल	◌ा	◌्
श	ल	स	ऊ	स	क	◌ो	च	ख	उ	ड	ह	ग	ट
ज	ख	ट	◌्	आ	◌ा	श	ढ	◌े	ह	द	ब	द	◌े
ऊ	◌ि	ह	म	क	ट	इ	फ	ल	◌ॉ	म	य	घ	ड
ब	ल	म	व	आ	◌े	म	क	स	क	च	ण	र	◌ि
द	◌ा	भ	न	ठ	न	ट	भ	◌ि	◌ी	र	य	थ	य
उ	ड	ह	त	◌ा	◌ि	ञ	ब	घ	ल	ब	ब	व	म
व	◌़	स	च	आ	स	त	घ	◌ॉ	ञ	◌े	द	◌ि	ध
व	◌ी	ख	भ	द	घ	◌्	ध	श	ल	स	छ	ज	ख
म	न	र	◌े	फ	र	◌ी	ट	ड	ध	ब	द	◌े	ष
उ	ट	ड	व	भ	ग	ष	ह	◌ि	म	◌ॉ	फ	त	श
य	छ	ट	◌ी	म	त	प	इ	ढ	क	ल	छ	◌ा	भ
च	◌ै	म	◌्	प	◌ि	य	न	श	◌ि	प	स	य	उ

बेसबॉल
बास्केटबॉल
गति
हॉकी
साइकिल
विजेता
गोल्फ
व्यायामशाला
जिमनास्टिक
टीम
चैम्पियनशिप
रेफरी
खेल
खिलाड़ी
स्टेडियम
टेनिस
कोच

22 - Mythologie

भ	ऊ	ट	ञ	ड	न	श	फ	ष	फ	न	भ	न	ट
ञ	अ	म	र	त	◌ा	ब	ग	ड	व	ज	◌ू	च	थ
ग	भ	द	ट	ट	य	◌ो	द	◌्	ध	◌ा	ल	भ	आ
ण	र	ब	ख	ट	क	छ	ठ	म	ष	द	भ	ई	त
ह	द	ज	द	य	न	श	◌्	व	र	◌ु	◌ु	र	◌ा
आ	◌ं	ध	य	ल	स	◌ृ	ज	न	उ	ई	ल	◌्	क
स	त	र	ए	ग	◌ा	त	न	इ	य	ड	◌ै	ष	त
◌्	क	◌ा	स	◌ं	स	◌्	क	◌ृ	त	ि◌	य	◌्	ठ
व	थ	क	व	◌्	य	व	ह	◌ा	र	घ	◌ा	य	व
र	◌ा	◌्	र	भ	ण	इ	न	र	भ	द	स	◌ा	ब
◌्	य	ष	म	◌ू	ल	र	◌ू	प	आ	द	र	◌्	श
ग	श	स	थ	म	श	इ	ए	ब	ष	फ	ठ	ए	उ
प	श	ठ	ण	ज	◌ं	त	◌ु	ट	आ	ए	इ	उ	ऊ
प	ड	आ	आ	प	द	◌ा	ब	ि◌	ज	ल	◌ी	व	फ

मूलरूप आदर्श
बिजली
गरज
ईर्ष्या
नायक
स्वर्ग
आपदा
सृजन
जंतु
योद्धा

संस्कृति
भूलभुलैया
दंतकथा
जादुई
राक्षस
बदला
ताकत
नश्वर
अमरता
व्यवहार

23 - Restaurant #2

फ	ल	क	◌्	ष	◌ु	ध	◌ा	व	र	◌्	ध	क	द
व	◌े	ट	र	ध	इ	स	न	म	क	ध	म	◌ा	◌ो
ठ	ञ	ह	न	◌ू	ड	ल	◌्	स	◌ु	श	स	◌ं	प
र	◌ा	त	क	◌ा	ख	◌ा	न	◌ा	र	ध	◌ा	ट	ह
ध	ब	स	◌्	व	◌ा	द	◌ि	ष	◌्	ट	ल	◌ा	र
स	घ	◌ू	प	◌े	य	ड	ञ	ञ	स	ट	◌े	ष	क
ट	ब	प	◌ा	न	◌ी	च	क	ठ	◌ी	ण	ल	ए	◌ा
स	ञ	◌्	ब	य	य	र	न	◌े	ट	ण	ख	ह	भ
ढ	ड	न	ज	व	ह	व	ठ	स	क	ह	इ	द	◌ो
त	ग	ढ	ऊ	◌ि	च	म	◌्	म	च	च	श	म	ज
छ	ञ	उ	ठ	र	य	त	छ	ड	प	आ	र	ल	न
ठ	भ	इ	य	आ	प	◌ा	घ	ल	व	स	ण	ल	ग
ध	ढ	न	ड	ए	ब	ण	◌ं	छ	◌ी	थ	थ	ग	प
ख	घ	ष	ऊ	ल	ऊ	र	ब	र	◌्	फ	ख	उ	ब

रात का खाना
बर्फ
मछली
फल
कांटा
सब्जियां
पेय
मसाले
वेटर
स्वादिष्ट
केक
चम्मच
दोपहर का भोजन
नूडल्स
सलाद
नमक
कुर्सी
सूप
क्षुधावर्धक
पानी

24 - Ökologie

व	स	◌्	व	य	◌ं	स	◌े	व	क	◌ो	◌ं	व	उ
व	न	प	◌्	र	ज	◌ा	त	◌ि	य	◌ा	◌ं	◌ै	त
◌ि	श	स	म	◌ु	द	◌्	र	◌ी	द	ल	ष	श	◌्
व	ख	प	◌्	र	क	◌ृ	त	◌ि	घ	ण	उ	◌्	त
◌ि	ट	◌ौ	ध	प	ट	न	र	ऊ	स	ए	य	व	र
ध	भ	ध	द	त	त	द	ण	ख	◌ं	स	ह	◌ि	ज
त	ऊ	◌े	ड	ठ	द	◌ि	ए	न	स	आ	ल	क	◌ी
◌ा	ज	म	ड	ल	ल	ढ	ट	ए	◌ा	◌ू	न	प	व
म	ख	ल	त	ट	द	र	थ	थ	ध	फ	ख	ह	◌ि
ञ	ञ	ब	व	व	ल	म	ऊ	ट	न	प	ख	◌ा	त
व	प	◌्	र	◌ा	क	◌ृ	त	◌ि	क	थ	ठ	ड	◌ा
स	भ	ट	ञ	घ	य	ब	इ	क	थ	ग	व	◌़	ञ
श	आ	ख	फ	स	म	◌ु	द	◌ा	य	न	आ	◌ो	ख
प	श	◌ु	ब	म	ष	स	प	ऊ	र	ठ	ख	◌ं	र

प्रजातियां
पहाड़ों
सूखा
पशु
स्वयंसेवकों
समुदाय
वैश्विक
जलवायु
समुद्री
टिकाऊ
प्रकृति
प्राकृतिक
पौधे
संसाधन
दलदल
उत्तरजीविता
वनस्पति
विविधता

25 - Schokolade

ऊ	ह	ड	ह	म	ण	य	क	ड	◌़	व	◌ा	ए	न
घ	ट	क	ड	◌ृ	प	म	◌ै	◌ु	उ	उ	थ	◌ं	◌ा
ए	प	थ	घ	◌ं	ण	इ	ल	ड	ट	च	र	ट	र
उ	च	स	◌ु	ग	◌ं	ध	◌ो	थ	ट	◌ी	ब	◌ी	◌ि
ड	य	घ	ग	फ	ष	ध	र	न	ड	न	र	ऑ	य
प	ण	घ	श	ल	ए	ग	◌ी	य	ञ	◌ी	ग	क	ल
स	र	आ	म	◌ी	फ	◌ु	म	◌ि	ठ	◌ा	ई	◌्	भ
◌्	थ	त	ह	ण	ऊ	ण	आ	आ	थ	ढ	उ	स	स
व	क	घ	त	स	ञ	व	◌ि	द	◌े	श	◌ी	◌ी	ट
◌ा	◌ि	◌ो	श	ह	ढ	त	द	ष	ह	आ	त	ड	ब
द	घ	ध	क	म	ड	◌्	प	◌ा	उ	ड	र	◌े	र
ह	स	आ	◌ि	◌ो	ष	त	इ	च	प	म	च	◌ं	भ
द	आ	च	स	◌्	व	◌ा	द	◌ि	ष	◌्	ट	ट	उ
व	ल	द	थ	ष	प	◌्	र	◌ि	य	ग	उ	घ	त

एंटीऑक्सीडेंट
सुगंध
कड़वा
मूंगफली
विदेशी
प्रिय
स्वाद
कुटीर
कोको

कैलोरी
नारियल
स्वादिष्ट
पाउडर
गुणवत्ता
विधि
मिठाई
चीनी
घटक

26 - Boote

त	य	त	ठ	ड	ध	ठ	क	ध	ब	द	आ	त	थ
झ	घ	ण	ग	◌ो	द	◌ी	श	द	य	य	श	इ	छ
ण	◌ी	ट	श	◌ं	स	श	◌्	ल	ट	व	उ	न	म
र	ञ	ल	ष	ग	द	र	त	ढ	छ	ष	ण	ढ	फ
ए	द	◌ं	ध	◌ी	स	आ	◌ी	ग	ध	ध	इ	घ	छ
ब	छ	ग	उ	व	य	ह	थ	ह	त	ष	ट	श	थ
ए	ध	र	म	श	ण	ञ	न	◌ौ	क	◌ा	फ	ए	ण
र	न	◌ा	व	◌ि	क	न	द	य	स	◌ा	ग	र	भ
फ	स	◌े	ल	ब	◌ो	ट	◌ी	इ	म	आ	ट	ऊ	ढ
द	ब	◌्	छ	उ	ब	ट	स	म	◌ु	द	◌्	र	◌ी
ण	ध	◌ो	स	न	क	थ	घ	न	द	आ	घ	आ	ल
न	उ	ब	य	◌ी	◌्	उ	ण	ज	◌्	व	◌ा	र	ट
ब	◌े	ड	◌़	◌ा	र	उ	ल	ह	र	◌े	◌ं	च	द
इ	◌ं	ज	न	इ	◌ू	म	स	◌्	त	◌ू	ल	ल	श

लंगर
बोया
क्रू
गोदी
बेड़ा
नदी
कश्ती
डोंगी
मस्तूल
समुद्र
इंजन
समुद्री
सागर
झील
नाविक
सेलबोट
रस्सी
ज्वार
लहरें
नौका

27 - Stadt

त	न	ण	ब	ब	आ	ऊ	फ	स	◌्	क	◌ू	ल	ग
फ	◌ू	ल	व	◌ा	ल	◌ा	ए	◌ं	थ	प	आ	छ	भ
म	त	ष	उ	द	म	फ	व	ग	ब	भ	म	ञ	प
व	◌ि	श	◌्	व	व	◌ि	द	◌्	य	◌ा	ल	य	ह
स	◌ि	न	◌े	म	◌ा	र	ञ	र	ठ	ढ	स	ग	व
ए	◌्	थ	ब	◌ा	ज	◌ा	र	ह	ऊ	च	◌ै	◌ै	◌ा
ह	◌ो	ट	ल	भ	◌ो	ज	न	◌ा	ल	य	ल	ल	ई
ब	उ	ब	◌े	क	र	◌ी	ल	ल	च	ष	◌ू	र	अ
◌ै	भ	प	म	ड	ब	ग	थ	य	थ	न	न	◌ी	ड
◌ं	भ	ग	ह	व	◌ि	क	◌्	ल	◌ि	न	◌ि	क	◌्
क	फ	फ	ढ	इ	ब	य	र	म	ए	इ	ल	आ	ड
फ	छ	त	त	म	छ	इ	म	ब	ट	ह	फ	ठ	◌ा
फ	◌ा	र	◌्	म	◌े	स	◌ी	द	र	ञ	इ	थ	म
फ	स	◌ु	प	र	म	◌ा	र	◌्	क	◌े	ट	ब	ए

फार्मेसी
बैंक
बेकरी
फूलवाला
हवाई अड्डा
गैलरी
होटल
सिनेमा
क्लिनिक
बाजार
संग्रहालय
भोजनालय
सैलून
स्कूल
स्टेडियम
सुपरमार्केट
थिएटर
विश्वविद्यालय

28 - Aktivitäten

प	ए	आ	ल	घ	इ	स	◌ि	ल	◌ा	ई	अ	प	म
इ	फ	◌ो	ट	◌ो	ग	◌्	र	◌ा	फ	◌ी	व	ब	छ
ट	त	व	द	ण	ञ	त	ह	छ	व	प	क	◌ा	ल
ड	व	र	न	प	ए	श	◌ि	ठ	ऊ	र	◌ा	ग	◌ी
द	◌े	न	◌ृ	त	◌्	य	ब	व	च	म	श	व	प
न	ख	र	र	स	इ	ण	◌ु	छ	◌ि	ढ	आ	◌ा	क
श	◌ि	क	◌ा	र	क	र	न	◌ा	त	ध	थ	न	ड
थ	ध	◌ौ	ध	ड	उ	आ	◌ा	आ	◌्	ल	◌ि	◌ी	◌़
व	उ	श	ब	ध	◌ा	छ	ई	ट	र	श	ण	ऊ	न
ग	ञ	ल	म	ट	थ	ल	आ	द	क	घ	छ	श	◌े
ज	◌ा	द	◌ू	प	ढ	◌़	न	◌ा	◌ा	ल	ध	◌ि	फ
ह	◌ि	त	◌ो	◌ं	थ	घ	◌ं	◌ा	र	ध	◌ा	ल	न
ड	भ	ख	ख	◌े	ल	ख	द	ल	◌ी	त	ड	◌्	ढ
ट	ष	इ	व	◌ि	श	◌्	र	◌ा	म	थ	ख	प	त

गतिविधि
मछली पकड़ने
डेरा डालना
विश्राम
कौशल
फोटोग्राफी
अवकाश
बागवानी
चित्रकारी
हितों
शिकार करना
कला
शिल्प
पढ़ना
जादू
सिलाई
खेल
बुनाई
नृत्य
आनंद

29 - Bienen

ट	झ	द	ढ	ऊ	ड	स	फ	ए	ऊ	न	ठ	भ	न
त	ु	स	ढ	प	फ	न	ू	ब	प	ह	प	ए	स
ग	ं	य	न	ह	व	ग	ल	र	प	ग	ञ	उ	व
ल	ड	ट	प	र	ा	ग	ण	क	्	ध	ु	आ	ँ
ऊ	ा	व	ि	व	ि	ध	त	ा	घ	य	प	ं	ख
छ	त	भ	स	म	ञ	ञ	प	घ	न	फ	र	प	छ
ध	ए	ढ	क	ब	प	ष	ख	ि	ल	न	ा	ौ	त
ब	म	ड	य	ा	ठ	ब	ढ	ह	ए	य	ग	ध	्
भ	ो	ज	न	थ	र	ग	न	ब	भ	च	श	े	त
फ	म	ट	य	ष	ण	ी	र	छ	उ	च	प	ए	ा
म	र	र	श	क	ढ	च	छ	ा	र	प	थ	स	न
न	ए	ए	ह	ी	ध	ा	ल	थ	न	ड	म	य	ण
ब	फ	आ	द	ट	थ	ञ	ण	द	ठ	ी	इ	फ	ए
त	न	ष	ख	आ	ब	प	म	ऊ	ष	घ	आ	ल	र

परागणक
छत्ता
फूल
खिलना
भोजन
पंख
फल
बगीचा
शहद
कीट
रानी
पौधे
पराग
धुआँ
झुंड
सूर्य
विविधता
लाभकारी
मोम

30 - Wissenschaftliche Disziplinen

भ	◌ू	व	◌ि	ज	◌्	ञ	◌ा	न	म	प	फ	प	र
म	न	◌ो	व	◌ि	ज	◌्	ञ	◌ा	न	◌ु	◌ि	◌ा	स
आ	ञ	म	ज	ध	स	आ	फ	ए	म	र	ज	र	◌ा
ह	श	र	◌ी	र	र	च	न	◌ा	◌ौ	◌ा	◌ि	◌ि	य
ण	ञ	ट	व	ह	य	ञ	ड	ख	स	त	य	स	न
आ	घ	ल	र	ऊ	ञ	प	ठ	ड	म	त	◌ो	◌्	व
स	व	ध	स	ग	ए	न	स	द	व	◌्	ल	थ	◌ि
ऊ	द	ढ	◌ा	फ	व	स	व	ध	◌ि	व	◌ॉ	◌ि	ज
इ	म	◌्	य	◌ू	न	◌ो	ल	◌ॉ	ज	◌ी	ज	त	◌्
छ	य	ग	न	इ	उ	ल	र	र	◌्	इ	◌ी	◌ि	ञ
भ	◌ौ	त	◌ि	क	व	◌ि	ज	◌्	ञ	◌ा	न	क	◌ा
ख	न	◌ि	ज	व	◌ि	द	◌्	य	◌ा	थ	प	◌ी	न
य	◌ा	◌ं	त	◌्	र	◌ि	क	◌ी	न	ध	घ	श	ढ
ज	◌ी	व	व	◌ि	ज	◌्	ञ	◌ा	न	ढ	छ	ञ	ञ

शरीर रचना
पुरातत्व
जीव रसायन
जीवविज्ञान
रसायन विज्ञान
भूविज्ञान
इम्यूनोलॉजी
यांत्रिकी
मौसम विज्ञान
खनिज विद्या
पारिस्थितिकी
भौतिक विज्ञान
फिजियोलॉजी
मनोविज्ञान

31 - Vögel

त	भ	ब	ट	ब	ब	श	ह	व	न	थ	ए	क	फ
घ	ढ	ग	त	ग	◌ौ	र	◌ै	य	◌ा	व	श	ब	इ
ब	घ	◌ु	ब	ख	ञ	ब	द	ड	श	ड	प	◌ू	उ
ल	ठ	ल	म	आ	फ	ल	ख	य	ह	र	◌े	त	र
न	फ	◌ा	व	फ	थ	त	ल	च	ल	ब	◌ं	र	◌ा
ष	इ	त	व	ड	अ	भ	छ	च	ट	ठ	ग	ह	ज
क	◌ौ	आ	◌ो	ट	◌ं	र	ड	श	◌ि	ढ	◌ु	श	ह
न	ऊ	ट	प	त	ड	प	य	न	द	क	इ	र	◌ं
ख	थ	ण	उ	क	◌ा	ल	◌ा	क	◌ौ	आ	न	ए	स
ध	ट	छ	ल	श	ठ	र	स	ऊ	द	ण	ड	ण	ड
म	◌ू	र	◌्	ख	म	न	◌ु	ष	◌्	य	थ	क	फ
◌ो	क	घ	ल	ह	व	◌ा	स	◌ी	ल	च	ञ	◌ो	ध
र	◌े	न	◌ू	◌ं	छ	न	स	ध	ठ	ठ	घ	य	ध
ह	न	र	थ	स	◌ा	र	स	इ	ए	ई	ग	ल	ढ

ईगल
अंडा
बतख
उल्लू
राजहंस
चिकन
कौआ
कोयल
मूर्ख मनुष्य
तोता
हवासील
मोर
पेंगुइन
काला कौआ
बगुला
हंस
गौरैया
सारस
कबूतर
टूकेन

32 - Garten

ञ	छ	झ	फ	उ	स	ब	◌ा	ड	◌़	ट	व	फ	ञ
ब	ढ	त	◌ू	य	ब	◌े	ब	व	थ	◌्	घ	◌ा	स
र	◌े	क	ल	ल	ष	◌ं	व	द	ण	र	र	व	प
◌ा	र	ड	ड	उ	◌ा	च	च	ण	म	◌े	ड	ड	इ
म	◌ा	त	म	इ	फ	घ	घ	म	ध	म	ट	◌़	फ
द	ञ	स	ब	ठ	ख	ऊ	ढ	ए	ड	◌्	ठ	◌ा	इ
◌ा	ब	◌ु	श	ब	र	छ	ल	आ	ढ	प	प	थ	भ
स	ष	ए	य	ऊ	म	ऊ	भ	ढ	स	◌ो	ण	ण	त
ल	◌ॉ	न	छ	ब	द	ड	स	प	द	ल	इ	ल	◌ा
न	ब	ब	भ	ध	ग	◌ै	र	◌े	ज	◌ि	थ	फ	ल
स	ल	ग	ह	च	प	च	ल	ड	ए	न	ल	द	◌ा
थ	च	◌ी	उ	ध	ए	ल	ग	◌़	भ	ट	ब	ध	ब
थ	त	च	फ	ल	◌ो	द	◌्	य	◌ा	न	स	ए	व
ए	ड	◌ा	स	इ	ट	ठ	स	ग	घ	म	ष	इ	ख

बेंच
पेड़
फूल
बुश
गैरेज
बगीचा
घास
झूला
फलोद्यान
लॉन
रेक
फावड़ा
नली
तालाब
छत
ट्रैम्पोलिन
मातम
बरामदा
बाड़

33 - Antarktis

म	इ	म	ग	ष	ञ	प	ड	म	श	ष	आ	ष	श
ब	ह	छ	ष	भ	इ	त	क	ड	ऊ	ध	त	श	◌ो
र	म	◌ा	ष	य	ह	ढ	प	◌्	र	व	◌ा	स	ध
ए	ड	भ	द	स	श	र	स	थ	ष	र	व	श	क
ह	ब	◌े	ह	◌्	ऊ	व	घ	छ	र	◌ी	ब	प	र
व	र	ह	य	थ	व	च	त	आ	द	◌ी	य	◌्	◌्
◌ा	◌्	◌ि	अ	ल	भ	◌ी	म	◌ौ	स	म	ल	र	त
ओ	फ	म	भ	◌ा	◌ू	त	प	ब	व	त	ध	◌ा	◌ा
◌ं	ब	न	◌ि	क	ग	प	◌ा	न	◌ी	◌ा	फ	य	श
ध	उ	द	य	◌ृ	◌ो	ग	फ	आ	ढ	प	छ	द	ढ
भ	य	श	◌ा	त	ल	ण	आ	उ	श	म	द	◌्	र
ठ	म	ख	न	◌ि	ज	आ	ठ	ण	त	◌ा	इ	व	ण
त	च	स	◌ं	र	क	◌्	ष	ण	ठ	न	ढ	◌ी	ष
प	र	◌्	य	◌ा	व	र	ण	च	स	व	भ	प	ञ

बे
बर्फ
संरक्षण
अभियान
पथरीला
शोधकर्ता
भूगोल
हिमनद
प्रायद्वीप
महाद्वीप
प्रवास
खनिज
तापमान
स्थलाकृति
पर्यावरण
पक्षी
पानी
मौसम
हवाओं

34 - Fahren

ई	ह	ध	र	च	ठ	ध	त	य	क	व	ब	स	ख
◌ं	छ	श	ग	ठ	च	ढ	इ	◌ा	स	◌ा	◌्	म	त
ध	ध	व	स	श	ऊ	त	भ	त	◌ु	स	र	◌ो	र
न	ठ	ख	ग	म	व	ट	ग	◌ा	र	◌ा	◌े	ट	◌ा
ह	ग	ठ	इ	घ	ठ	ठ	ग	य	क	व	क	र	आ
ष	न	क	◌्	श	◌ा	घ	◌ै	◌ा	◌्	ध	र	स	ग
ल	◌ा	इ	स	◌े	◌ं	स	र	त	ष	◌ा	घ	◌ा	थ
र	थ	प	◌ु	ल	◌ि	स	◌े	प	◌ा	न	स	इ	इ
न	य	प	र	ध	छ	ऊ	ज	त	उ	◌ी	न	क	उ
च	म	फ	◌ं	त	ष	व	थ	श	ड	र	य	◌ि	ण
भ	द	◌ो	ग	◌ै	स	ट	घ	ल	ऊ	न	थ	ल	इ
ह	ढ	ढ	ट	◌्	र	क	प	ग	ध	आ	र	थ	ख
ष	ण	ड	प	र	◌ि	व	ह	न	त	ढ	थ	द	च
द	◌ु	र	◌्	घ	ट	न	◌ा	ड	च	◌ि	ष	ग	घ

कार
ब्रेक
ईंधन
बस
गैरेज
गैस
खतरा
गति
नक्शा
लाइसेंस
ट्रक
मोटर
मोटरसाइकिल
पुलिस
सुरक्षा
परिवहन
सुरंग
दुर्घटना
यातायात
सावधानी

35 - Bücher

ध	म	स	स	◌ं	द	र	◌्	भ	ड	स	उ	द	क
इ	क	थ	◌ा	व	◌ा	च	क	न	त	ग	प	◌्	ह
ड	ऐ	त	◌ि	ह	◌ा	स	◌ि	क	ट	फ	न	व	◌ा
ऊ	ऊ	भ	द	प	स	ऊ	च	ए	थ	प	◌्	◌ं	न
श	प	ए	घ	भ	व	◌ि	न	◌ो	द	◌ी	य	द	◌ी
च	◌ृ	ड	उ	न	ड	य	क	ष	प	ब	◌ा	◌्	ल
श	ष	◌ं	ध	ष	ख	भ	य	च	थ	च	स	व	घ
भ	◌्	स	ख	प	◌्	र	◌ा	स	◌ं	ग	◌ि	क	ढ
आ	ठ	द	स	ल	◌॓	ख	क	क	व	◌ि	त	◌ा	स
प	◌ा	ठ	क	स	◌ा	ह	◌ि	त	◌्	य	◌ि	क	◌ं
आ	व	◌ि	ष	◌्	क	◌ा	र	श	◌ी	ल	द	न	ग
ख	न	ढ	ऊ	ल	ख	ट	छ	ह	ब	भ	◌ु	ठ	◌्
उ	ह	ल	ल	◌ि	ख	◌ि	त	ख	ष	ख	ख	य	र
म	ह	◌ा	क	◌ा	व	◌्	य	ढ	ब	ख	द	ह	ह

साहासिक
लेखक
द्वंद्व
महाकाव्य
आविष्कारशील
कथावाचक
कविता
कहानी
लिखित
ऐतिहासिक
विनोदी
संग्रह
संदर्भ
पाठक
साहित्यिक
प्रासंगिक
उपन्यास
पृष्ठ
शृंखला
दुखद

36 - Menschlicher Körper

ठ	◌ो	ड	◌़	◌ी	ड	ख	ऊ	र	ब	छ	उ	श	ट
र	ध	ण	य	द	व	ऊ	द	य	ड	फ	ञ	ल	व
क	◌ो	ह	न	◌ी	ट	र	ष	ड	ज	ड	ब	ञ	च
त	ञ	ग	इ	ग	ल	प	ञ	ऊ	ट	ब	ठ	इ	◌े
ऊ	◌्	ट	र	क	ढ	य	व	ध	भ	ज	ड	उ	ह
स	न	व	आ	◌ं	ष	च	ऊ	य	स	◌ी	ञ	◌़	र
ष	स	ट	च	ध	र	क	◌्	त	आ	भ	ठ	ट	◌ा
ल	◌ि	व	द	◌ा	ट	घ	म	व	य	ट	उ	ञ	ह
व	र	द	◌ि	म	◌ा	ग	◌ु	च	ठ	त	ठ	ए	इ
ष	स	ग	ल	श	◌ं	ष	◌ँ	ट	ट	ष	छ	क	ट
उ	◌ं	ग	ल	◌ी	ग	ऊ	ह	ष	न	च	ञ	◌ा	ख
श	ञ	फ	फ	ध	ध	ग	◌ा	ञ	◌ा	◌ा	ह	न	न
श	इ	भ	ध	ष	ध	र	थ	श	क	ठ	न	ध	◌े
ख	ञ	च	ध	म	च	ध	ग	छ	ग	र	◌्	द	न

टांग
रक्त
कोहनी
उंगली
दिमाग
चेहरा
गर्दन
हाथ
त्वचा
दिल
जबड़ा
ठोड़ी
घुटना
टखने
सिर
मुँह
नाक
कान
कंधा
जीभ

37 - Klettern

ऊ	उ	व	य	द	ल	ढ	र	द	ह	ञ	ज	स	थ
ज	ण	छ	◌ा	द	ष	आ	घ	ग	◌े	उ	◌ि	◌ं	म
◌ू	य	प	द	य	त	◌ा	क	त	ल	ए	ज	क	ल
त	ग	◌ु	फ	◌ा	◌ु	त	स	त	म	ट	◌्	◌ी	प
◌े	ल	ष	त	फ	ड	म	फ	च	◌े	व	ञ	र	ड
थ	म	भ	घ	श	म	व	◌ं	ष	ट	द	◌ा	◌्	ञ
न	स	ल	न	व	न	श	ञ	ड	स	स	स	ण	ए
प	◌्	र	श	◌ि	क	◌्	ष	ण	ल	◌्	◌ा	त	ख
ण	थ	न	◌ा	श	◌्	ख	ह	फ	घ	त	र	ण	र
ष	◌ि	घ	र	◌े	श	ऊ	भ	◌ू	भ	◌ा	ग	य	ल
श	र	ष	◌ी	ष	◌ा	थ	◌ं	भ	ग	न	◌ा	फ	द
र	त	स	र	ज	ध	ट	इ	च	घ	◌े	इ	ड	ड
घ	◌ा	ष	◌ि	◌्	य	स	व	◌ो	◌ा	ड	ड	ब	ठ
स	प	उ	क	ञ	ऊ	इ	ह	ट	ड	ई	श	थ	फ

वायुमंडल
प्रशिक्षण
विशेषज्ञ
गाइड
भूभाग
दस्ताने
हेलमेट
ऊंचाई
गुफा
नक्शा
जिज्ञासा
शारीरिक
संकीर्ण
स्थिरता
ताकत
जूते
चोट

38 - Landschaften

ज	◌्	व	◌ा	ल	◌ा	म	◌ु	ख	◌ी	न	य	ग	ल
ए	आ	स	म	◌ु	द	◌्	र	त	ट	द	ड	◌्	◌ै
प	◌्	र	◌ा	य	द	◌्	व	◌ी	प	◌ी	थ	ल	ग
ह	न	ख	त	प	द	◌्	व	◌ी	प	छ	द	◌े	◌ू
◌ा	ट	ए	ख	श	ह	ख	ग	झ	ख	छ	ल	श	न
ड	न	◌ु	ढ	छ	घ	◌ा	ट	◌ी	ग	व	द	◌ि	र
◌़	ठ	ट	◌ं	ष	श	ड	ड	ल	र	◌ु	ल	य	◌े
झ	र	न	◌ा	ड	ग	◌़	ष	◌़	थ	ञ	फ	र	ग
ख	श	स	श	श	◌्	◌ी	ड	ह	◌ी	र	ए	◌ा	◌ि
ह	◌ि	म	ख	◌ं	ड	र	व	र	ष	न	ख	म	स
न	द	◌ु	प	घ	स	इ	◌ा	न	भ	न	ण	प	◌्
व	ऊ	द	म	र	◌ू	द	◌्	य	◌ा	न	स	फ	त
छ	ध	◌्	ड	ट	ख	आ	ध	आ	ध	न	ख	म	◌ा
ब	ड	र	ब	स	ठ	य	त	द	घ	भ	ल	ध	न

पहाड़
हिमखंड
नदी
ग्लेशियर
खाड़ी
प्रायद्वीप
गुफा
पहाड़ी
द्वीप
लैगून
समुद्र
मरूद्यान
झील
समुद्र तट
दलदल
घाटी
टुंड्रा
ज्वालामुखी
झरना
रेगिस्तान

39 - Abenteuer

य	भ	ठ	ण	ध	ध	द	अ	व	स	र	ख	स	छ
उ	ा	ग	प	ञ	ट	ो	स	ह	ल	छ	त	ु	प
द	ष	त	ञ	व	द	स	ा	ब	स	ए	र	र	थ
श	ह	ि	्	ौ	उ	्	म	ौ	क	ा	न	क	प
त	फ	व	थ	र	ष	त	ा	म	थ	प	ा	्	्
ख	ख	ि	ह	त	ा	ो	न	य	ा	्	क	ष	र
भ	र	ध	स	ा	स	ं	्	आ	व	र	ठ	ा	द
ठ	्	ि	ण	ए	ु	इ	य	प	व	क	ि	ञ	र
फ	ण	र	ख	ग	ं	त	व	्	य	ृ	न	द	्
र	ख	थ	म	श	द	उ	घ	ट	ख	त	ा	म	श
ड	उ	द	ल	ण	र	इ	ख	ब	ह	ि	ई	घ	न
ग	ग	ण	थ	इ	त	ै	य	ा	र	ौ	ड	उ	फ
ञ	ह	च	ह	ड	ा	म	ध	प	फ	घ	ञ	ड	ष
उ	उ	त	्	स	ा	ह	र	्	ष	ठ	ल	श	ए

गोतोवोध
भ्रमण
उत्साह
मौका
हर्ष
दोस्तों
खतरनाक
अवसर
प्रकृति
पथ प्रदर्शन
नया
यात्रा
सुंदरता
कठिनाई
सुरक्षा
वीरता
असामान्य
तैयारी
गंतव्य

40 - Flugzeuge

ड	इ	घ	अ	ख	ञ	श	ह	थ	व	थ	र	आ	त
ि	ं	उ	श	घ	ण	म	स	ा	ह	स	ि	क	ढ
ज	ज	छ	ा	ञ	ग	ु	ब	्	ब	ा	र	ा	प
ा	न	ढ	ं	स	फ	इ	आ	य	ल	द	ि	श	ा
इ	ढ	इ	त	ि	ह	ा	स	ऊ	च	ह	फ	प	य
न	े	व	ि	ग	े	ट	स	व	ं	श	ठ	न	ल
ष	ह	ा	इ	ड	्	र	ो	ज	न	च	ञ	घ	ट
त	ठ	य	ा	त	्	र	ौ	ध	छ	इ	ा	य	र
ई	ण	ु	ब	क	न	ि	र	्	म	ा	ण	ई	ट
म	ं	ध	त	ल	्	व	ा	य	ु	म	ं	ड	ल
च	श	ध	ख	उ	उ	र	छ	च	त	ौ	भ	इ	म
प	ब	ह	न	द	र	ब	ू	ध	भ	स	ख	आ	ह
थ	ल	ञ	ल	द	भ	ए	थ	प	ड	म	ब	य	ध
श	य	ब	ग	ह	आ	ञ	व	य	ड	श	थ	ढ	म

साहसिक
वंश
वायुमंडल
गुब्बारा
ईंधन
क्रू
डिजाइन
इतिहास
आकाश
ऊंचाई
निर्माण
वायु
इंजन
नेविगेट
यात्री
पायलट
दिशा
अशांति
हाइड्रोजन
मौसम

41 - Haartypen

त	य	ख	स	न	उ	ऊ	घ	त	स	ध	ध	र	ट
ष	ग	र	छ	ब	न	ब	उ	ल	फ	◌ू	ण	भ	न
ठ	ट	थ	ए	ठ	म	च	श	भ	◌े	स	ख	क	च
प	द	व	न	आ	प	ख	ऊ	म	द	र	फ	◌ा	स
द	ञ	ऊ	इ	ऊ	त	व	द	ग	ट	ग	च	ल	फ
क	र	◌्	ल	प	न	भ	थ	घ	ल	◌ं	ब	◌ा	ग
ऊ	ण	ठ	भ	त	ब	ब	ढ	ढ	श	ज	च	आ	ध
म	◌ो	ट	◌ा	ल	ट	च	न	द	च	◌ा	ह	श	ट
ऊ	च	ए	च	◌ा	र	भ	च	म	क	द	◌ा	र	भ
ऊ	ध	ए	घ	◌ु	◌ं	घ	र	◌ा	ल	◌े	ठ	◌ं	छ
इ	ह	छ	ग	न	भ	◌ू	र	◌ा	◌ँ	द	इ	ग	ठ
त	द	ट	ग	◌ो	र	◌ा	क	त	आ	द	ण	◌ी	ब
स	◌्	व	स	◌्	थ	म	म	य	ण	ध	◌ी	न	ष
ल	ह	र	◌ा	त	◌ी	श	स	ख	फ	थ	ण	त	द

गोरा
भूरा
मोटा
पतला
रंगीन
लट
स्वस्थ
चमकदार
धूसर
गंजा
कम
लंबा
कर्ल
घुंघराले
काला
चाँदी
सूखा
नरम
सफेद
लहराती

42 - Essen #1

ग	श	र	श	भ	ड	स	म	क	ए	स	◌ू	प	र
थ	◌ा	ल	ह	स	◌ु	न	◌ा	◌ॉ	ध	◌्	थ	इ	प
र	स	ज	ज	घ	ब	म	◌ं	फ	ऊ	ट	◌ू	न	◌ा
स	स	ध	र	म	श	क	स	◌़	व	◌्	घ	◌ी	ल
ट	य	उ	स	म	द	न	श	◌ी	व	र	फ	◌ं	क
भ	न	र	ग	आ	न	◌ू	ग	फ	म	◌ॉ	ऊ	ब	ष
घ	◌ा	थ	ठ	र	व	ण	ध	स	◌ू	ब	ब	◌ू	य
ह	श	त	ढ	म	ड	छ	श	ल	◌ं	◌े	आ	फ	ट
त	प	◌ु	छ	य	य	उ	भ	◌ा	ग	र	घ	द	ध
द	◌ा	ल	च	◌ी	न	◌ी	द	द	फ	◌ी	र	त	ढ
ब	त	स	प	इ	च	ए	म	छ	ल	ल	इ	न	आ
च	◌ी	◌ी	ठ	इ	◌ी	उ	ण	ख	◌ी	प	भ	छ	त
ए	ऊ	र	फ	श	न	ध	ध	ग	स	ञ	च	श	प
ए	ड	थ	ख	ब	◌ी	प	◌्	य	◌ा	ज	व	र	प

तुलसी
नाशपाती
स्ट्रॉबेरी
मूंगफली
मांस
कॉफ़ी
गाजर
लहसुन
दूध
शलजम
रस
सलाद
नमक
पालक
सूप
टूना
दालचीनी
नींबू
चीनी
प्याज

43 - Gebäude

ह	इ	म	स	्	क	ू	ल	त	च	व	प	अ	क
श	ो	ह	ह	ु	स	द	ग	ं	ख	े	त	स	े
फ	थ	ट	ष	द	प	व	फ	ब	ड	ध	ञ	्	ब
म	च	आ	ल	य	व	र	ह	ू	घ	श	ग	प	ि
स	ि	न	े	म	ा	ठ	म	ी	न	ा	र	त	न
स	्	ट	े	ड	ि	य	म	ा	छ	ल	व	ा	स
स	ं	ग	्	र	ह	ा	ल	य	र	ा	न	ल	ख
प	्	र	य	ो	ग	श	ा	ल	ा	्	व	द	थ
फ	ै	क	्	ट	र	ी	फ	भ	घ	फ	क	ण	ि
व	ऊ	य	च	आ	ख	ड	ग	भ	ग	म	ष	े	ए
छ	ा	त	्	र	ा	व	ा	स	ह	व	ट	स	ट
ट	ल	इ	ह	द	ू	त	ा	व	ा	स	श	स	र
व	ि	श	्	व	व	ि	द	्	य	ा	ल	य	ध
ख	ल	ि	ह	ा	न	ग	ै	र	े	ज	आ	घ	भ

खेत
दूतावास
फैक्टरी
गैरेज
छात्रावास
होटल
केबिन
सिनेमा
अस्पताल
प्रयोगशाला
संग्रहालय
वेधशाला
खलिहान
स्कूल
स्टेडियम
सुपरमार्केट
थिएटर
मीनार
विश्वविद्यालय
तंबू

44 - Angeln

भ	आ	ण	र	अ	त	च	ध	स	उ	ग	इ	र	ध
व	व	ष	ऋ	त	ु	ा	च	ा	प	ि	थ	ल	छ
ट	आ	ज	फ	ि	र	च	र	ग	क	ल	फ	त	ह
ट	ग	द	न	श	घ	ा	ण	र	र	्	ख	ण	ञ
ो	न	च	ा	य	प	ह	ज	ब	ण	स	म	च	थ
क	द	ा	व	ो	ठ	ु	च	ू	ध	ै	र	्	य
र	ी	र	आ	क	ऊ	क	र	स	ो	इ	य	ा	ऊ
ी	य	ा	आ	्	र	ल	ख	म	ऊ	ध	प	ं	ख
श	थ	इ	ख	त	द	ण	घ	ु	प	ा	न	ी	घ
ह	म	आ	च	ि	ट	ब	ढ	द	थ	र	उ	आ	ब
ञ	ग	ट	ल	उ	स	ढ	घ	्	ऊ	ठ	श	फ	फ
ज	ब	ड	़	ा	झ	ष	छ	र	ह	ध	द	ठ	उ
ख	छ	श	आ	ढ	ी	श	ढ	त	ख	ष	उ	ग	ब
ठ	ख	ध	श	आ	ल	द	ष	ट	घ	ड	ग	ठ	इ

उपकरण
नाव
तार
पंख
नदी
धैर्य
वजन
हुक
ऋतु
जबड़ा

गिल्स
रसोइया
टोकरी
चारा
सागर
झील
समुद्र तट
अतिशयोक्ति
तराजू
पानी

45 - Regenwald

प	क	्	ष	ी	स	ण	स	ठ	ह	थ	ए	ण	म
्	ा	स	क	भ	उ	ऊ	प	म	च	र	व	ढ	ू
र	ई	्	ी	म	भ	छ	य	ढ	ु	घ	ठ	ए	ल
ज	स	त	ड	श	ण	ज	ं	ग	ल	द	ब	उ	्
ा	्	न	़	र	ष	त	व	ख	ल	म	ा	भ	य
त	व	ध	े	ज	ल	व	ा	य	ु	ट	द	य	व
ि	द	ा	द	न	ठ	ल	न	ध	इ	ड	ल	च	ा
य	े	र	ट	छ	उ	श	स	ड	य	ट	ञ	र	न
ा	श	ी	ष	द	द	व	्	आ	य	थ	ऊ	ध	ण
ं	ी	घ	ह	ष	ष	ल	प	उ	द	श	श	ह	इ
व	ि	व	ि	ध	त	ा	त	व	उ	र	ऊ	ल	छ
र	ड	म	व	न	ध	ह	ि	ण	ए	ण	ब	र	ग
ह	ऊ	ध	थ	प	्	र	क	ृ	त	ि	य	फ	ध
व	प	ह	उ	त	्	त	र	ज	ी	व	ि	त	ा

उभयचर
प्रजातियां
वानस्पतिक
जंगल
स्वदेशी
समुदाय
कीड़े
जलवायु
काई
प्रकृति
आदर
स्तनधारी
उत्तरजीविता
विविधता
पक्षी
मूल्यवान
बादल
शरण

46 - Essen #2

ब	◌ा	द	◌ा	म	क	ख	प	न	च	थ	द	ए	द
◌ै	◌्	ठ	ह	च	◌े	र	◌ी	प	◌ॉ	ट	ण	ध	म
◌ं	ग	र	घ	श	ल	◌ो	च	ड	क	द	द	उ	प
ग	आ	घ	◌ो	च	◌ा	ट	ड	ष	ल	ह	छ	म	ऊ
न	आ	श	ड	क	इ	◌ी	आ	ल	◌े	◌ी	ए	ढ	फ
म	श	र	◌ू	म	◌ो	उ	आ	व	ट	म	◌ा	ट	र
छ	न	ब	स	◌े	ब	ल	ऊ	भ	च	थ	भ	आ	ग
ल	ठ	छ	ञ	स	प	न	◌ी	र	थ	◌ा	आ	ध	◌े
◌ी	श	त	◌ा	व	र	◌ी	ष	ह	◌ै	म	व	प	ह
स	य	ल	व	आ	आ	अ	ज	व	◌ा	इ	न	ल	◌ू
ष	ऊ	स	छ	स	घ	◌ं	थ	इ	स	थ	छ	थ	◌ँ
ढ	र	ड	थ	ख	न	ड	ऊ	घ	छ	द	◌ी	आ	स
न	ध	द	छ	फ	ञ	◌ा	र	ह	ह	ब	ढ	च	उ
ञ	ड	ब	ड	ण	ऊ	ष	ट	च	ग	ऊ	ऊ	ढ	क

सेब
हाथी चक
बैंगन
केला
ब्रोकोली
रोटी
अंडा
मछली
दही
पनीर
चेरी
बादाम
मशरूम
चावल
हैम
चॉकलेट
अजवाइन
शतावरी
टमाटर
गेहूँ

47 - Familie

ब	द	◌ा	द	◌ी	य	ण	ड	थ	च	इ	य	फ	य
◌े	च	ब	व	ल	म	द	ष	ध	च	ध	ध	न	प
ट	◌ा	प	ब	च	◌्	च	◌ा	ख	◌े	च	य	ठ	◌ै
◌ी	च	भ	न	थ	ञ	ठ	त	द	र	च	म	फ	त
म	◌ा	त	◌ृ	प	प	◌ि	त	◌ा	◌ा	भ	◌ा	ई	◌ृ
ख	ह	◌ी	प	◌ू	त	ध	ब	द	भ	त	◌ं	च	क
फ	ग	ज	छ	र	◌ि	ड	ट	◌ा	◌ा	◌ी	च	ए	◌ी
त	य	◌ी	ण	◌्	ख	ख	ध	स	ई	ज	स	म	च
त	ट	ब	◌ी	व	◌ी	ऊ	ञ	द	ए	◌ा	द	ठ	ड
त	स	ह	घ	ज	ड	घ	ड	ञ	इ	उ	ब	श	ऊ
प	ण	न	घ	म	छ	घ	आ	छ	ख	ठ	ल	य	ट
ल	◌ो	ब	त	ड	द	व	ध	थ	च	र	न	म	न
म	ए	त	श	ख	छ	ऊ	र	ए	म	च	ब	इ	ह
स	ट	ध	◌ा	छ	च	घ	म	ह	ए	श	व	ठ	ल

भाई
बीवी
पति
पोता
दादी
दादा
बच्चा
बचपन
मां
मातृ

भतीजा
भतीजी
चाचा
बहन
चाची
बेटी
पिता
पैतृक
चचेरा भाई
पूर्वज

48 - Pflanzen

ह	त	ढ	ह	घ	ध	ए	श	प	त	◌्	त	◌ा	क
ब	◌ु	श	उ	व	ड	य	ण	त	त	ग	इ	आ	◌ै
न	द	स	◌ू	र	◌्	य	प	◌्	छ	◌्	ण	इ	क
ख	आ	छ	ऊ	छ	◌्	त	व	त	ब	ञ	त	व	◌्
प	◌े	ड	◌़	प	ल	व	न	◌े	◌े	य	फ	◌ी	ट
ज	ड	◌़	त	ख	फ	प	र	ठ	र	ऊ	श	ऊ	स
ज	ड	◌़	◌ी	ब	◌ू	ट	◌ी	क	◌ी	ख	ठ	प	ब
ख	ऊ	ख	ष	◌ा	ल	व	न	स	◌्	प	त	◌ि	ग
ण	भ	इ	थ	◌ं	प	ल	स	न	ठ	ग	ड	व	◌ी
ल	ब	ष	ड	स	ह	ड	स	फ	श	ट	स	भ	च
म	ल	छ	ऊ	ए	ध	र	ख	घ	ब	स	म	म	◌ा
ट	ब	घ	न	थ	घ	आ	प	क	◌ा	ई	ष	ठ	ड
ख	उ	ष	भ	ट	ट	थ	छ	ख	र	स	◌े	म	थ
ढ	ल	ण	इ	ट	ष	घ	स	फ	ह	न	ब	भ	व

बांस
पेड़
बेरी
पत्ता
फूल
पत्ती
सेम
बुश
उर्वरक
आइवी

बगीचा
घास
कैक्टस
जड़ी बूटी
पत्ते
काई
सूर्य
वनस्पति
वन
जड़

49 - Kunst

ज	त	थ	ऊ	ऊ	ढ	ञ	ट	ए	स	म	प	भ	श
ध	ट	य	ए	त	ण	आ	व	आ	◌ि	न	अ	प	आ
ञ	ड	◌ि	छ	श	ख	ट	◌्	म	र	◌ो	त	◌्	अ
ञ	ण	ण	ल	व	◌ि	ष	य	म	◌े	द	◌ि	र	भ
ड	फ	ब	ग	ड	प	ए	क	◌ू	म	श	य	त	◌ि
ठ	प	द	◌ृ	श	◌्	य	◌्	ल	◌ि	◌ा	थ	◌ी	व
ल	ष	न	म	◌ू	र	◌्	त	◌ि	क	ल	◌ा	क	◌्
भ	व	ए	म	ए	◌े	ध	◌ि	ठ	व	द	र	ष	य
प	श	ह	ख	द	र	उ	ग	आ	◌ि	ह	◌्	ब	क
च	◌ि	त	◌्	र	◌ि	त	त	स	त	प	थ	ग	◌्
ह	ड	न	र	न	त	ठ	व	च	◌ा	ग	व	र	त
स	छ	य	घ	च	प	ल	व	द	व	द	◌ा	न	◌ि
र	य	ख	ग	य	न	भ	ई	म	◌ा	न	द	◌ा	र
ल	ब	न	◌ा	न	◌ा	◌ा	त	ग	द	छ	ट	श	ठ

आभिव्यक्ति
ईमानदार
सरल
विषय
प्रेरित
सिरेमिक
जटिल
मूल
व्यक्तिगत
कविता
चित्रित
बनाना
मूर्तिकला
मनोदशा
अतियथार्थवाद
प्रतीक
दृश्य
रचना

50 - Gewürze

छ	ण	ट	आ	क	र	ख	प	प	म	न	ल	ढ	ऊ
अ	न	म	क	र	न	ट	ण	श	न	न	ए	ऊ	ऊ
क	द	ख	फ	◌ौ	स	◌्	व	◌ा	द	स	◌ौ	◌ं	फ
◌े	◌्	र	ध	ठ	ठ	ट	ल	◌ौ	◌ं	ग	ज	ग	ट
स	य	ए	क	य	द	◌ा	ल	च	◌ी	न	◌ी	र	ब
र	प	ज	व	ड	श	ञ	म	ट	घ	इ	र	ह	ञ
प	◌ा	◌ा	ढ	ऊ	◌़	य	◌ि	प	◌्	य	◌ा	ज	द
ध	न	य	ञ	व	ग	व	ठ	म	◌ि	र	◌्	च	च
ट	द	फ	ह	श	न	घ	◌ा	ध	न	◌ि	य	◌ा	म
ष	इ	ल	◌ा	य	च	◌ी	ई	घ	स	ख	उ	ड	व
ख	थ	व	इ	ह	आ	न	ल	ह	स	◌ु	न	ब	द
द	स	ऊ	आ	ट	द	ल	आ	◌ा	ष	थ	ञ	व	आ
थ	आ	ड	च	व	च	ख	र	च	भ	घ	म	ल	व
श	भ	ह	य	ण	ष	भ	ञ	ठ	य	न	ञ	च	स

कड़वा
करी
सौंफ
स्वाद
अदरक
इलायची
लहसुन
धनिया
जीरा
नद्यपान

जायफल
लौंग
मिर्च
केसर
नमक
खट्टा
मिठाई
वनीला
दालचीनी
प्याज

51 - Gemüse

ल	व	य	त	ह	ग	ख	ड	व	प	इ	श	प	फ
अ	ह	घ	ण	श	ढ	◌ी	म	ध	ट	ब	ल	ऊ	◌ू
त	द	स	ल	◌ा	द	र	इ	श	अ	प	ज	ख	ल
प	च	र	◌ु	ट	म	◌ा	ट	र	ज	ब	म	ह	ग
र	ञ	न	क	न	ट	ब	ढ	ठ	व	◌्	श	◌ा	◌ो
त	ञ	अ	आ	घ	र	प	ण	ब	◌ा	र	र	थ	भ
प	ठ	ज	आ	ल	ग	◌ा	ज	र	इ	◌ो	◌ू	◌ी	◌ी
◌्	प	म	श	भ	◌ू	ल	ण	छ	न	क	म	च	भ
य	ड	◌ो	स	ध	ध	क	ए	द	स	◌ो	फ	क	ड
◌ा	क	द	◌्	द	◌ू	ड	उ	ग	फ	ल	ल	ण	ञ
ज	◌ै	त	◌ू	न	व	ड	ल	उ	ऊ	◌ी	उ	श	भ
द	आ	ख	ठ	फ	इ	थ	फ	ए	ढ	न	फ	त	थ
ब	◌ै	◌ं	ग	न	ट	ऊ	ञ	ट	ए	घ	ध	ष	ए
इ	घ	य	च	स	आ	उ	ठ	य	ट	म	फ	श	व

हाथी चक
बैंगन
फूलगोभी
ब्रोकोली
मटर
खीरा
अदरक
गाजर
आलू
लहसुन
कद्दू
जैतून
अजमोद
मशरूम
शलजम
सलाद
अजवाइन
पालक
टमाटर
प्याज

52 - Katzen

स	घ	ज	प	ण	ए	च	प	ब	ब	घ	व	ध	ध
श	ण	◌ि	फ	ध	छ	व	◌ं	ल	ध	य	ल	थ	◌ा
फ	र	ज	प	◌ू	◌ं	छ	ज	च	र	इ	द	◌ो	ग
श	र	◌्	म	◌ी	ल	◌ा	◌ा	त	ल	ए	भ	ड	◌ा
ज	थ	ञ	स	◌्	न	◌े	ह	◌ी	ढ	ध	ष	◌़	श
◌ं	ष	◌ा	◌्	ट	ऊ	थ	र	न	च	◌ू	ह	◌ा	◌ि
ग	छ	स	व	आ	व	व	ध	◌ी	च	य	र	ण	क
ल	च	◌ु	त	घ	छ	प	ढ	◌ं	ड	य	द	ब	◌ा
◌ौ	व	त	◌ं	ञ	ट	ट	घ	द	ड	आ	ठ	उ	र
प	श	श	त	त	घ	इ	ऊ	ग	ख	ध	ग	ट	◌ौ
ऊ	◌ा	ण	◌्	व	◌्	य	क	◌्	त	◌ि	त	◌्	व
द	ष	ग	र	भ	ध	य	ह	ग	◌े	ञ	प	च	भ
ठ	घ	र	ल	ध	ट	न	ऊ	द	ज	य	स	घ	ख
न	ञ	ष	छ	ढ	स	म	द	ल	ड	म	ब	फ	ब

फर
धागा
शिकारी
स्नेही
चूहा
जिज्ञासु
व्यक्तित्व
पंजा
नींद
तेज
शर्मीला
पूंछ
स्वतंत्र
पागल
चंचल
थोड़ा
जंगली

53 - Tanzen

ध	य	र	थ	व	न	द	ह	भ	ठ	ए	ग	ख	द
फ	ब	ट	ध	ठ	प	◌ृ	फ	स	ग	व	आ	ढ	फ
श	न	ख	ण	इ	ञ	श	त	ण	त	ढ	ढ	म	क
स	स	प	आ	छ	उ	◌्	भ	◌्	◌ि	ख	स	र	ल
◌ू	◌ा	श	र	◌ी	र	य	◌ा	भ	य	अ	ऊ	ख	◌ा
च	थ	◌ं	आ	◌ं	ठ	ठ	व	ऊ	ढ	क	◌ृ	प	◌ा
क	◌ी	न	स	आ	प	ब	न	ग	उ	◌ा	ल	ब	ह
स	ए	द	न	◌्	ष	र	◌ा	फ	फ	द	घ	◌ा	र
व	त	ल	ए	च	क	घ	◌ा	थ	म	म	थ	थ	◌्
स	◌ं	ग	◌ी	त	प	◌ृ	छ	ग	उ	◌ी	य	ठ	ष
र	◌ि	ह	र	◌्	स	ल	त	ड	त	त	र	ण	◌ि
स	◌ं	स	◌्	क	◌ृ	त	◌ि	◌ि	उ	◌ा	प	आ	त
श	◌ा	स	◌्	त	◌्	र	◌ी	य	क	ल	न	ल	ल
ऊ	व	र	ञ	श	ध	स	ड	थ	घ	व	ण	ष	द

अकादमी
कृपा
सूचक
गति
नृत्यकला
भावना
हर्षित
आसन
शास्त्रीय
शरीर
संस्कृति
सांस्कृतिक
कला
संगीत
साथी
रिहर्सल
ताल
परंपरागत
दृश्य

54 - Ernährung

व	भ	ख	इ	च	इ	ऊ	आ	ष	ठ	श	र	ढ	द
ि	ण	प	ग	व	थ	ख	ह	ि	स	्	स	े	ग
ट	ह	ु	क	र	स	स	ा	म	ए	ष	अ	व	ु
ा	स	ष	ड	इ	प	्	र	ो	ट	ी	न	ड	ण
म	ं	्	़	ट	ा	व	व	क	थ	फ	ा	स	व
ि	त	ट	व	प	च	स	ज	ा	ि	य	ज	प	त
न	ु	ि	ा	ा	न	्	न	ऊ	स	ण	ल	थ	्
ह	ल	क	क	र	द	थ	र	त	म	्	्	उ	त
प	ि	र	ै	घ	स	ग	व	ि	ष	फ	थ	व	ा
ड	त	न	ल	इ	उ	श	इ	ए	ख	ढ	श	्	न
व	य	ग	ो	ड	य	व	र	ल	ा	ऊ	ण	च	य
ह	आ	ड	र	द	भ	ष	म	ब	द	थ	फ	ह	ए
य	स	फ	ी	र	ू	स	ठ	ऊ	्	ग	इ	ख	श
च	ट	न	ी	ठ	ख	घ	र	र	य	त	स	न	ह

भूख
संतुलित
कड़वा
आहार
खाद्य
किण्वन
स्वाद
स्वस्थ
स्वास्थ्य
अनाज

वजन
कैलोरी
पुष्टिकर
हिस्से
प्रोटीन
गुणवत्ता
चटनी
विष
पाचन
विटामिन

55 - Technologie

ण	थ	अ	व	व	ष	ष	स	ु	र	क	्	ष	ा
फ	य	ण	न	ञ	आ	ग	इ	ं	ट	र	न	े	ट
च	उ	आ	न	ु	र	त	र	न	द	ड	म	घ	प
ध	प	भ	ढ	ब	स	भ	ष	ह	ण	े	ड	ह	ढ
फ	़	ा	इ	ल	त	ं	घ	ट	ल	ट	श	ह	इ
ह	ष	स	च	इ	आ	भ	ध	ढ	ष	ा	ढ	र	ण
उ	ण	ी	ए	ब	ब	्	र	ा	उ	ज	़	र	स
स	ा	ं	ख	्	य	ि	क	ी	न	उ	इ	स	ं
य	भ	उ	छ	ल	म	ऊ	र	ै	भ	घ	ग	्	ग
ठ	व	य	न	ॉ	थ	ए	्	ञ	म	ब	ब	क	ण
इ	द	फ	इ	ग	द	फ	स	ग	ष	र	ल	्	क
फ	़	ॉ	न	्	ट	फ	र	ण	त	प	ा	र	आ
स	ॉ	फ	्	ट	व	े	य	र	थ	श	छ	ी	द
ब	ा	इ	ट	्	स	ड	ि	ज	ि	ट	ल	न	ब

स्क्रीन
ब्लॉग
ब्राउज़र
बाइट्स
संगणक
कर्सर
फ़ाइल
डेटा
डिजिटल
अनुसंधान
इंटरनेट
कैमरा
संदेश
फ़ॉन्ट
सुरक्षा
सॉफ्टवेयर
सांख्यिकी
आभासी

56 - Wasser

ग	ब	म	घ	भ	द	आ	ध	ल	ऊ	न	व	स	द
म	भ	◌ा	प	र	ऊ	उ	ग	इ	ब	म	◌ा	◌ि	ध
उ	ध	न	ढ	ड	ण	ग	ल	थ	ए	ल	ष	◌ं	फ
ढ	च	स	ऊ	◌़	प	ट	ह	ख	ठ	श	◌्	च	र
ष	ऊ	◌ू	ब	◌ौ	छ	◌ा	र	प	◌ं	स	प	◌ा	ए
ऊ	ल	न	ह	र	आ	त	◌े	ष	ढ	आ	◌ी	ई	इ
ब	ऊ	द	ड	फ	र	ख	◌ं	य	ब	ब	क	ञ	ऊ
स	ठ	श	ग	ख	ऊ	ञ	र	ञ	उ	ढ	र	ह	म
◌ा	उ	ध	ख	भ	ड	ऊ	र	ञ	र	श	ण	◌्	ब
ग	ध	इ	उ	घ	भ	ड	ग	ए	इ	ष	ग	ब	फ
र	ट	झ	त	◌ू	फ	◌ा	न	न	द	◌ी	थ	द	न
ढ	थ	◌ी	ण	थ	न	त	ए	इ	ण	ग	ध	श	ट
ख	श	ल	ग	ण	ह	म	घ	ए	ण	न	ड	श	घ
इ	उ	व	र	◌्	ष	◌ा	◌ी	ठ	द	इ	आ	र	ए

सिंचाई
भाप
बौछार
बर्फ
नम
नमी
नदी
बाढ़
ठंढ
तूफान
नहर
मानसून
सागर
वर्षा
झील
वाष्पीकरण
लहरें

57 - Science Fiction

आ	क	◌ा	श	ग	◌ं	ग	◌ा	ग	ड	ह	ऊ	र	प
क	◌ा	ल	◌्	प	न	◌ि	क	ढ	ढ	प	ध	ह	र
ड	फ	य	स	प	◌ु	स	◌्	त	क	◌े	◌ं	स	◌ि
◌ा	◌्	आ	ख	◌्	भ	ष	◌ि	छ	ब	ढ	ड	◌्	द
य	य	त	च	र	म	र	ल	न	ख	व	ण	य	◌ृ
स	◌ू	व	श	◌ौ	ट	च	म	फ	◌े	व	फ	म	श
◌्	च	◌ि	ए	द	श	प	ध	ण	घ	म	ण	य	◌्
ट	र	स	ख	◌्	ऊ	श	न	ग	ध	त	◌ा	त	य
◌ो	◌ि	◌्	त	य	थ	◌ा	र	◌्	थ	व	◌ा	द	◌ी
प	स	फ	आ	◌ो	व	न	स	द	भ	◌्	र	म	ऊ
◌ि	◌्	◌ो	ग	ग	आ	द	र	◌्	श	ल	◌ो	क	इ
य	ट	ट	भ	◌ि	◌्	◌ा	ढ	इ	फ	त	ब	ष	ढ
◌ा	◌ि	श	य	क	व	र	द	श	ध	इ	◌ो	ध	छ
ढ	क	स	स	◌ौ	ठ	इ	ह	व	ए	ल	ट	श	त

पुस्तकें
डायस्टोपिया
विस्फोट
चरम
शानदार
आग
फ्यूचरिस्टिक
आकाशगंगा
रहस्यमय
भ्रम
काल्पनिक
सिनेमा
ग्रह
यथार्थवादी
रोबोट
परिदृश्य
प्रौद्योगिकी
आदर्शलोक

58 - Haustiere

ग	◌ा	य	र	आ	त	ल	ब	क	र	◌ी	ट	म	व
ग	ण	ठ	प	◌ा	न	◌ी	छ	◌ि	प	क	ल	◌ी	घ
ध	ल	ञ	◌ि	ख	भ	◌ो	ज	न	ल	ऊ	ट	घ	व
य	ऊ	ड	ल	र	प	भ	च	ख	च	◌्	इ	ड	भ
ल	ह	ख	◌्	ग	त	प	◌ं	ज	◌े	ड	ल	थ	ख
ब	द	छ	ल	◌ो	व	◌ू	त	◌ो	त	◌ा	उ	◌ी	ब
च	◌ू	ह	◌ा	श	म	◌ं	ध	ड	थ	म	इ	प	ढ
ब	प	ट	◌्	ट	◌ा	छ	ट	छ	ड	श	र	ण	ण
ण	ष	त	आ	ऊ	न	फ	ल	ट	प	व	त	व	द
क	◌ु	त	◌्	त	◌ा	घ	ट	◌ी	स	श	न	स	म
छ	स	श	र	ह	ट	ब	ट	थ	ड	श	इ	ञ	ध
◌ु	प	श	◌ु	च	◌ि	क	◌ि	त	◌्	स	क	स	इ
आ	क	◌ॉ	ल	र	ण	प	ख	ण	म	द	घ	ह	न
स	ट	ड	स	ञ	ण	ण	ध	ब	द	ध	ख	फ	द

छिपकली
भोजन
मछली
खरगोश
कुत्ता
बिल्ली
कॉलर
पंजे
गाय
पट्टा
चूहा
तोता
कछुआ
पूंछ
पशु चिकित्सक
पानी
पिल्ला
बकरी

59 - Geburtstag

ह	ह	ष	ब	क	द	ब	ठ	य	प	द	घ	ढ	ड
ज	न	्	म	ै	ह	ि	भ	श	ु	य	ु	व	ा
द	ि	य	ो	ल	छ	ट	न	र	र	भ	ड	फ	ष
द	म	ब	म	े	र	ऊ	ल	य	ा	फ	थ	ह	न
ो	ं	उ	ब	ं	ब	ह	ग	ब	न	ष	आ	द	ख
स	त	ग	त	ड	ए	उ	ी	ु	े	र	थ	स	ु
्	्	ढ	्	र	ट	प	त	द	श	इ	द	ल	श
त	र	य	त	त	घ	ह	ठ	्	व	र	्	ष	ढ
ो	ण	ख	ि	ह	ञ	ा	भ	ध	स	म	य	म	श
ं	द	स	य	ग	र	र	ए	ि	ए	व	ध	थ	घ
ट	भ	ष	ा	भ	ए	्	ट	च	म	ज	़	ा	ढ
च	ए	ध	ॅ	क	र	घ	ष	व	ि	श	े	ष	म
प	त	्	त	े	स	न	ल	ि	घ	उ	प	ध	त
फ	ऊ	ट	र	क	ब	च	र	ञ	त	उ	ह	य	द

पुराने
निमंत्रण
उत्सव
हर्षित
दोस्तों
जन्म
उपहार
खुश
वर्ष
युवा

कैलेंडर
पत्ते
मोमबत्तियाँ
केक
गीत
मज़ा
विशेष
दिन
बुद्धि
समय

60 - Literatur

ब	छ	ज	फ	न	आ	न	व	ल	त	ह	ए	क	ड
य	ञ	ञ	◌ी	फ	घ	ढ	◌ि	◌े	थ	ह	ख	व	श
व	क	थ	◌ा	व	न	ढ	श	ख	भ	य	ग	◌ि	थ
ग	◌ि	त	◌ु	ल	न	◌ा	◌्	क	न	ञ	ठ	त	थ
ब	थ	ष	द	ल	ड	◌ी	ल	ण	उ	भ	ठ	◌ा	द
र	व	आ	य	ड	ग	र	◌े	ऊ	ष	ल	स	ठ	भ
स	ष	व	च	फ	घ	◌ू	ष	आ	ल	न	उ	ल	भ
ह	◌ं	◌ि	त	च	ए	प	ण	स	म	◌ा	न	त	◌ा
ध	ख	व	प	इ	ठ	क	थ	◌ा	व	◌ा	च	क	क
त	◌्	र	◌ा	स	द	◌ी	र	उ	फ	भ	व	फ	◌ि
◌ु	ल	ण	म	द	उ	प	न	◌्	य	◌ा	स	ञ	स
क	◌ा	व	◌्	य	◌ा	त	◌्	म	क	ए	च	त	◌्
श	◌ै	ल	◌ी	श	ग	◌ा	व	उ	ढ	ऊ	श	द	स
आ	द	व	इ	इ	आ	ल	ग	प	न	ए	ब	य	◌ा

समानता
विश्लेषण
किस्सा
लेखक
विवरण
जीवनी
संवाद
कथावाचक
कथा
कविता
रूपक
काव्यात्मक
तुक
ताल
उपन्यास
शैली
विषय
त्रासदी
तुलना

61 - Wandern

ण	य	थ	ठ	अ	ध	त	ड	म	न	ढ	ऊ	र	ड
आ	श	म	क	ह	भ	न	ध	◌ौ	क	ज	◌ू	त	◌े
प	◌ा	न	◌ी	ग	घ	◌ि	ठ	स	◌्	ढ	प	ज	र
ब	ऊ	ल	त	ब	य	प	व	म	श	व	ह	◌ं	◌ा
त	◌ै	य	◌ा	र	◌ी	◌ा	त	◌ि	◌ा	ग	◌ा	ग	ड
च	ट	◌्	ट	◌ा	न	ऊ	ए	◌्	न	न	ड	ल	◌ा
ज	ल	व	◌ा	य	◌ु	द	द	प	थ	◌्	◌़	◌ी	ल
ज	◌ा	न	व	र	◌ो	◌ं	स	ष	ऊ	र	य	ग	न
श	◌ि	ख	र	स	म	◌्	म	◌े	ल	न	ख	◌ा	◌ा
इ	य	आ	ण	ण	ब	ण	भ	ड	र	म	त	इ	स
प	◌्	र	क	◌ृ	त	◌ि	◌ा	उ	प	ढ	र	ड	◌ू
र	छ	भ	ल	ल	छ	ए	र	ग	ष	ए	◌ो	ण	र
ध	ध	न	य	छ	ढ	च	◌ी	स	ह	आ	◌ं	द	◌्
उ	च	व	ठ	ञ	ल	व	थ	ल	प	स	श	ण	य

पहाड़
डेरा डालना
गाइड
खतरों
शिखर सम्मेलन
नक्शा
जलवायु
चट्टान
थक गया
प्रकृति
अभिविन्यास
भारी
सूर्य
पत्थर
जूते
जानवरों
तैयारी
पानी
मौसम
जंगली

62 - Länder #2

ण	ज	फ	फ	ण	ए	प	आ	क	ख	ण	व	ब	अ
ण	घ	म	स	ल	ध	◌ा	य	◌े	ज	न	न	फ	ल
ध	ब	ञ	◌ै	ण	ख	क	र	न	श	◌ा	◌े	◌्	◌्
र	ट	च	य	क	ल	◌ि	ल	◌्	म	इ	प	र	ब
आ	◌ू	ल	ठ	ब	◌ा	स	◌ै	य	◌े	ज	◌ा	◌ा	◌ा
च	च	स	ञ	र	ओ	◌्	◌ं	◌ा	क	◌ी	ल	◌ं	न
स	◌ू	ड	◌ा	न	स	त	ड	म	◌्	र	◌ा	स	◌ि
ट	ष	ञ	छ	ऊ	व	◌ा	ए	य	स	◌ि	इ	◌ी	य
य	ल	ष	ख	द	प	न	ल	◌ू	◌ि	य	ब	र	◌ा
य	◌ु	ग	◌ा	◌ं	ड	◌ा	फ	न	क	◌ा	◌े	◌ि	फ
इ	थ	◌ि	य	◌ो	प	◌ि	य	◌ा	◌ो	ल	र	य	द
य	◌ू	क	◌्	र	◌े	न	फ	न	ण	ठ	◌ि	◌ा	ऊ
ऊ	द	ल	ऊ	फ	त	ऊ	ह	घ	ब	आ	य	फ	श
ख	ड	स	द	ह	◌ै	त	◌ी	ए	ठ	त	◌ा	ड	फ

अल्बानिया
इथियोपिया
फ्रांस
यूनान
हैती
आयरलैंड
जमैका
जापान
केन्या
लाओस

लाइबेरिया
मेक्सिको
नेपाल
नाइजीरिया
पाकिस्तान
रूस
सूडान
सीरिया
युगांडा
यूक्रेन

63 - Fahrzeuge

ब	त	त	ध	ह	स	ह	न	ख	ञ	भ	ए	र	च
ध	व	ऊ	ह	न	◌े	ग	न	स	व	ढ	ट	◌ॉ	न
ल	ड	घ	ब	इ	द	ल	ब	थ	ट	फ	थ	क	ट
प	न	ड	◌ु	ब	◌्	ब	◌ौ	ध	च	घ	म	◌े	उ
व	◌ा	फ	स	न	आ	स	◌्	क	◌ू	ट	र	ट	ञ
◌ि	व	ट	◌ा	य	र	ल	ख	स	◌ॉ	ट	◌्	र	क
म	ढ	श	इ	म	◌ो	ट	र	इ	ठ	प	म	ण	ए
◌ा	घ	उ	क	भ	ग	ब	◌े	ड	◌़	◌ा	◌्	ए	ह
न	उ	उ	◌ि	ष	◌ी	ट	◌्	र	◌ै	क	◌्	ट	र
ब	ट	त	ल	ए	व	ट	◌ै	क	◌्	स	◌ी	द	र
ल	स	ख	ञ	र	◌ा	न	ट	◌्	र	◌े	न	ए	ए
द	छ	उ	न	ञ	ह	इ	◌ौ	र	ब	ठ	प	भ	आ
आ	द	क	◌ा	र	न	ढ	त	क	फ	स	म	ट	म
फ	ग	भ	ष	म	ऊ	च	ए	क	◌ा	र	व	◌ा	◌ं

कार
नाव
बस
साइकिल
नौका
बेड़ा
विमान
हेलीकॉप्टर
रोगी वाहन
ट्रक
मोटर
रॉकेट
टायर
स्कूटर
टैक्सी
ट्रैक्टर
पनडुब्बी
कारवां
ट्रेन

64 - Badezimmer

त	प	ड	म	प	इ	त	ञ	ब	त	प	क	प	द
ढ	ठ	उ	ऊ	ग	ड	ब	त	आ	◌ौ	छ	◌ै	◌ा	उ
छ	ह	ऊ	ह	स	भ	ऊ	थ	ऊ	ल	न	◌ं	न	ल
ल	भ	थ	ह	ण	भ	ञ	ल	ऊ	◌ि	ऊ	च	◌ी	ट
ल	ड	य	भ	स	◌ा	ब	◌ु	न	य	फ	◌ी	ल	न
द	श	◌ै	म	◌्	प	◌ू	◌ु	ग	◌ा	ए	र	न	र
ध	◌ौ	श	ऊ	न	आ	ट	घ	ल	ब	◌ौ	छ	◌ा	र
त	च	न	त	◌ा	फ	य	म	◌ी	ब	ख	व	भ	य
च	◌ा	ड	म	न	ध	इ	ढ	च	ध	◌ु	द	म	ड
ड	ल	ल	◌ो	श	न	त	ऊ	◌ा	ब	आ	ल	छ	ञ
भ	य	ग	ग	इ	फ	◌्	स	◌्	प	◌ं	ज	◌े	आ
र	स	प	थ	ष	द	र	◌्	प	ण	म	ढ	उ	ध
प	द	प	भ	म	ण	ठ	ध	द	ञ	भ	इ	ब	र
ठ	फ	आ	आ	फ	आ	म	छ	प	च	भ	व	ख	ए

स्नान
बुलबुले
भाप
बौछार
तौलिया
लोशन
इत्र
कैंची
स्पंज
साबुन
शैम्पू
दर्पण
गलीचा
शौचालय
पानी
नल

65 - Musikinstrumente

म	श	ढ	त	घ	ऊ	घ	छ	ड	ध	फ	च	ब	न
श	उ	ग	न	त	झ	द	ध	फ	व	◌ी	ण	◌ा	त
प	ह	त	घ	म	◌ं	म	ह	उ	आ	ठ	भ	◌ं	◌ु
व	◌ि	न	स	◌ै	क	◌्	स	◌ो	फ	◌ो	न	स	र
त	ञ	य	◌ा	ग	◌ा	ड	श	छ	ढ	◌ो	ल	◌ु	ह
ख	य	ऊ	◌ा	ई	र	प	ल	ध	व	ख	ठ	र	◌ी
व	◌ा	य	ल	न	च	◌े	ल	◌ो	म	त	थ	◌ी	श
ग	◌ि	ट	◌ा	र	◌ो	व	स	ड	ब	घ	◌ं	ट	◌ा
ट	छ	र	प	स	म	◌ा	ग	ञ	◌ै	◌ा	भ	ए	ख
क	ञ	र	ष	य	ध	य	फ	ड	◌ं	थ	स	ट	फ
◌्	घ	ध	र	थ	ऊ	ल	ण	घ	ज	छ	च	◌ू	स
क	उ	द	र	ए	ढ	◌ि	घ	स	◌ो	ब	व	य	न
र	ख	आ	ग	ए	न	न	ए	ट	व	ष	उ	ए	ञ
म	◌ै	◌ं	ड	◌ो	ल	◌ि	न	त	व	ट	ट	ञ	ख

बैंजो
वायलनचेलो
बासून
बांसुरी
वायलिन
गिटार
झंकार
घंटा
वीणा
शहनाइ
पियानो
मैंडोलिन
सैक्सोफोन
टक्कर
डफ
ढोल
तुरही

66 - Blumen

ह	व	ण	ष	च	ण	ष	ह	घ	ब	घ	ल	ग	स
प	◌ि	भ	श	प	म	ब	ल	ण	भ	ड	◌ै	◌ु	◌ू
◌्	ट	ब	ध	र	श	◌ै	छ	ण	ब	◌े	व	ल	र
ल	◌्	इ	◌ि	◌ा	थ	ट	ग	ण	र	ज	◌े	द	ज
◌ू	य	ल	र	स	घ	उ	व	न	ल	◌़	◌ं	स	म
म	◌ू	◌ि	प	◌ी	◌्	भ	ड	थ	◌ा	◌ी	ड	◌्	◌ु
◌े	ल	ल	आ	◌ा	य	क	च	छ	र	ल	र	त	ख
र	◌ि	◌ी	र	ठ	स	ग	◌ु	ल	◌ा	ब	◌ि	◌ा	◌ी
◌ि	प	द	◌्	ञ	र	◌्	ब	स	ठ	ख	श	य	ट
य	ल	छ	क	ख	श	प	त	◌्	त	◌ी	ञ	ढ	◌ा
◌ा	च	आ	◌ि	द	र	ख	ऊ	◌ा	आ	फ	उ	ड	छ
ड	न	◌्	ड	◌े	ल	◌ि	अ	न	आ	न	न	◌्	द
ढ	ग	न	आ	भ	ह	च	म	◌े	ल	◌ी	प	ए	ब
ग	◌ा	र	◌्	ड	◌े	न	◌ि	य	◌ा	ए	भ	ट	ल

पत्ती
गार्डेनिया
डेज़ी
हिबिस्कुस
चमेली
आनन्द
लैवेंडर
लिली
डन्डेलिअन
मैगनोलिया
पोस्ता
आर्किड
चपरासी
प्लूमेरिया
गुलाब
सूरजमुखी
गुलदस्ता
ट्यूलिप

67 - Natur

प	थ	आ	त	थ	न	आ	र	्	क	ट	ि	क	ष
ष	त	श	ा	ं	त	ि	प	ू	र	्	ण	ञ	इ
उ	द	्	ज	ा	न	व	र	ो	ं	स	ह	उ	व
इ	स	र	त	ख	ठ	त	द	्	ष	त	आ	ठ	ठ
स	ब	य	इ	े	म	ढ	भ	न	म	व	न	द	ी
ञ	थ	प	ज	ं	ग	ल	ी	र	ग	ल	ञ	ए	स
अ	भ	य	ा	र	ण	्	य	स	म	त	फ	ध	ु
फ	ण	प	म	ध	ु	म	क	्	ख	ि	य	ो	ं
ठ	स	म	ह	त	्	व	प	ू	र	्	ण	श	द
छ	ए	ढ	र	ा	ठ	ग	्	ल	े	श	ि	य	र
ञ	इ	ट	ल	ग	ड	ग	त	ि	श	ी	ल	क	त
व	च	म	य	ध	उ	़	छ	फ	भ	उ	ह	ट	ा
ढ	ख	ए	प	न	इ	क	ो	ह	र	ा	ब	ा	ब
उ	ष	्	ण	क	ट	ि	ब	ं	ध	ी	य	व	म

आर्कटिक
पहाड़ों
मधुमक्खियों
गतिशील
कटाव
नदी
शांतिपूर्ण
ग्लेशियर
अभयारण्य
निर्मल
पत्ते
महत्वपूर्ण
कोहरा
सुंदरता
आश्रय
जानवरों
उष्णकटिबंधीय
वन
जंगली

68 - Theater

आ	ध	ख	आ	भ	न	ल	आ	ठ	ण	अ	आ	अ	व
ष	ल	फ	ण	य	ड	म	क	द	ष	भ	क	भ	द
ठ	ष	◌ो	व	ऊ	छ	ठ	र	ञ	ड	◌ि	र	◌ि	व
द	ख	त	च	ह	इ	इ	◌्	न	ए	न	◌्	न	ढ
व	र	ट	ण	न	भ	उ	ष	स	ह	◌े	ष	◌े	ध
य	◌े	◌्	ध	ध	◌ा	ह	क	ठ	छ	त	ण	त	य
भ	ए	श	श	र	व	प	◌ु	र	स	◌्	क	◌ा	र
ख	फ	ण	भ	क	न	ण	र	त	◌ं	र	◌ॉ	त	प
न	◌ा	ट	क	◌ू	◌ा	उ	भ	ध	ग	◌ी	म	◌्	◌्
ड	छ	ष	ह	व	ष	ठ	ह	ब	◌ी	द	◌े	र	र
ञ	ष	ग	ठ	श	स	◌ा	स	घ	त	श	ड	◌ा	त
ऑ	र	◌्	क	◌े	स	◌्	ट	◌्	र	◌ा	◌ी	स	◌ि
श	ड	उ	स	स	ध	प	न	ड	ख	ड	ख	द	भ
क	ल	◌ा	क	◌ा	र	म	त	ए	फ	छ	स	◌ी	◌ा

पुरस्कार
आकर्षण
आकर्षक
नाटक
भावना
कॉमेडी
वेशभूषा
आलोचना
कलाकार
संगीत
ऑर्केस्ट्रा
दर्शक
अभिनेता
अभिनेत्री
प्रतिभा
त्रासदी

69 - Urlaub #2

न	ट	ए	स	म	◌ु	द	◌्	र	ठ	ण	य	घ	ड
ञ	क	प	र	◌ि	व	ह	न	श	ए	य	◌ा	त	◌े
स	य	◌्	भ	◌ो	ज	न	◌ा	ल	य	घ	त	ऊ	र
व	म	श	श	भ	ह	व	◌ा	ई	अ	ड	◌्	ड	◌ा
◌ि	◌ि	◌ु	इ	◌ा	◌ो	व	ल	ट	व	य	र	घ	ड
द	इ	द	द	व	ट	◌ी	त	◌ै	क	प	◌ा	ट	◌ा
◌े	ञ	र	◌े	◌्	ल	ज	व	क	◌ा	◌ा	स	◌्	ल
श	ध	व	श	श	र	◌ा	म	◌्	श	स	ट	र	न
द	◌्	व	◌ी	प	◌ी	त	स	स	ढ	प	ट	◌े	◌ा
ग	◌ं	त	व	◌्	य	न	ट	◌ी	श	◌ो	घ	न	ठ
फ	प	ल	ख	त	◌ं	ब	◌ू	ठ	छ	र	थ	ह	फ
ल	ण	ण	स	स	ध	इ	ऊ	म	ए	◌्	उ	इ	ल
थ	म	फ	ध	उ	उ	ल	स	ध	ख	ट	ठ	ट	घ
ब	ब	आ	छ	◌ु	ट	◌्	ट	◌ी	ल	ह	च	द	व

विदेशी
विदेश
डेरा डालना
हवाई अड्डा
अवकाश
होटल
द्वीप
नक्शा
समुद्र
पासपोर्ट

यात्रा
भोजनालय
समुद्र तट
टैक्सी
परिवहन
छुट्टी
वीज़ा
तंबू
गंतव्य
ट्रेन

70 - Zirkus

छ	घ	आ	ब	द	ट	ण	म	ज	◌ा	द	◌ू	ढ	ह
ल	थ	म	र	द	ह	ज	न	श	◌ा	न	द	◌ा	र
ड	प	छ	ढ	स	छ	◌ा	◌ो	श	थ	द	ह	य	य
ग	◌ो	ढ	ठ	ध	ग	न	र	क	प	श	◌ू	इ	प
ह	श	फ	ग	श	ष	व	◌ं	ख	र	ञ	ट	ग	◌्
ह	◌ा	थ	◌ी	स	आ	र	ज	श	◌े	र	य	ए	र
ठ	क	न	ष	ष	ण	◌ो	न	व	ड	आ	म	ख	द
ठ	फ	ष	त	छ	ल	◌ं	ख	थ	छ	इ	आ	ल	र
न	ष	फ	ब	ल	य	ञ	स	श	ण	उ	द	ढ	◌्
द	र	◌्	श	क	द	ल	म	ठ	ध	ग	छ	त	श
न	स	ञ	म	ब	◌ा	घ	ट	ट	च	द	छ	च	न
ए	भ	उ	स	त	◌ं	ब	◌ू	स	◌ं	ग	◌ी	त	न
ब	र	म	फ	स	ढ	द	ढ	ड	ध	ट	◌ि	क	ट
घ	च	छ	थ	ञ	ल	ग	र	ब	◌ा	ज	◌ी	ग	र

बंदर
नट
जोकर
हाथी
टिकट
बाजीगर
पोशाक
शेर
जादू
संगीत

परेड
शानदार
जानवरों
बाघ
छल
मनोरंजन
जादूगर
प्रदर्शन
तंबू
दर्शक

71 - Barbecues

ड	र	ण	स	इ	ऊ	ब	य	ग	आ	प	द	क	र
च	◌ा	क	◌ू	थ	र	च	◌ि	क	न	र	◌ो	◌ा	◌ा
स	◌ं	ग	◌ी	त	न	◌्	ड	स	ठ	◌ि	स	◌ं	त
फ	ल	म	इ	छ	म	च	ट	न	◌ी	व	◌्	ट	क
ञ	ण	◌ा	ब	च	क	◌े	न	ग	स	◌ा	त	◌े	◌ा
म	न	घ	द	च	ढ	प	व	ए	भ	र	◌ो	द	ख
आ	◌ि	ध	फ	द	ग	फ	ब	फ	न	ट	◌ं	भ	◌ा
ब	भ	र	द	◌ो	प	ह	र	क	◌ा	भ	◌ो	ज	न
ञ	म	फ	◌्	भ	◌ू	ख	◌े	ल	ठ	व	ल	उ	◌ा
भ	ट	ठ	ल	च	ए	ष	ञ	ख	ध	र	प	च	भ
स	ब	◌्	ज	◌ि	य	◌ा	◌ं	ग	र	◌्	म	◌ी	च
ट	ड	च	ब	इ	र	छ	य	ट	ग	◌्	र	◌ि	ल
ग	र	म	ए	त	ए	न	ल	य	ठ	ऊ	ष	म	ठ
न	ग	न	ष	र	भ	ह	ह	ख	श	ल	ञ	ब	फ

रात का खाना
परिवार
दोस्तों
फल
कांटे
सब्जियां
ग्रिल
गरम
चिकन
भूख
बच्चे
चाकू
दोपहर का भोजन
संगीत
मिर्च
सलाद
नमक
गर्मी
चटनी
खेल

72 - Küche

ख	ध	स	ब	व	फ	◌्	र	◌ि	ज	ग	इ	ट	क
छ	ए	स	भ	भ	◌्	ट	च	ख	ग	ठ	थ	म	◌ा
ण	प	य	छ	◌ो	र	म	स	म	स	◌ा	ल	◌े	◌ं
स	◌्	प	◌ं	ज	◌ी	आ	न	र	◌्	न	ष	ग	ट
श	र	च	श	न	ज	ए	च	स	च	म	उ	◌्	◌े
ह	न	स	◌ी	द	र	न	◌ा	ढ	च	र	च	र	ष
ओ	व	न	व	न	ख	◌ै	क	र	छ	◌ु	ल	◌ि	इ
स	ए	स	स	◌ि	◌ी	प	◌ू	ऊ	क	◌े	त	ल	◌ी
त	न	ट	य	ड	ध	क	ट	◌ो	र	◌ा	उ	ड	ख
स	ठ	ठ	द	म	श	◌ि	◌ा	श	ञ	द	ञ	ह	आ
ए	प	श	च	ग	ढ	न	ढ	◌ँ	ऊ	फ	ग	इ	फ
ब	म	इ	ड	त	ह	ह	द	फ	ट	व	ञ	स	ण
ष	थ	छ	ड	उ	र	ए	ध	व	ग	◌ा	क	प	इ
थ	त	प	द	व	ल	थ	स	र	म	त	ञ	ढ	न

भोजन
चीनी काँटा
कांटे
फ्रीजर
मसाले
ग्रिल
करछुल
जग
फ्रिज
चम्मच

चाकू
ओवन
विधि
एप्रन
कटोरा
स्पंज
नैपकिन
कप
केतली

73 - Schach

आ	च	आ	ठ	ढ	क	ग	र	न	र	ढ	ध	ध	ह
घ	ब	ल	◌ि	द	◌ा	न	◌ा	◌ि	ब	ऊ	छ	आ	ट
थ	श	छ	ख	◌े	ल	भ	ज	ष	स	च	थ	इ	◌ू
र	◌ा	न	◌ी	च	◌ा	अ	◌ा	◌्	भ	म	ड	ब	र
र	ण	न	◌ी	त	◌ि	◌ं	थ	क	आ	ण	य	प	◌्
थ	त	ग	ष	व	◌ि	क	र	◌्	ण	ष	छ	त	न
न	◌ि	य	म	फ	ग	व	श	र	ध	ख	य	उ	◌ा
ख	◌ि	ल	◌ा	ड	◌़	◌ी	व	◌ि	र	◌ो	ध	◌ी	म
ट	ञ	ढ	आ	आ	छ	ड	श	य	ह	च	उ	फ	◌े
प	◌्	र	त	◌ि	य	◌ो	ग	◌ि	त	◌ा	त	श	◌ं
त	ब	ह	च	त	ट	ष	ढ	भ	ख	ल	इ	◌ु	ट
ल	ठ	ष	य	ष	ए	ण	न	ठ	व	भ	ब	च	र
ञ	ल	ए	ण	च	◌ै	◌ं	प	◌ि	य	न	इ	ब	त
र	व	ञ	ध	स	फ	◌े	द	ब	भ	ट	ण	इ	ण

चैंपियन
विकर्ण
विरोधी
चतुर
राजा
रानी
बलिदान
निष्क्रिय
अंक
नियम
काला
खेल
खिलाड़ी
रणनीति
टूर्नामेंट
सफेद
प्रतियोगिता
समय

74 - Geographie

ध	ऊ	फ	ण	ण	म	क	◌्	ष	◌े	त	◌्	र	द
र	ए	ट	ल	स	ह	द	◌ु	न	◌ि	य	◌ा	र	◌े
ध	अ	क	◌्	ष	◌ा	◌ं	श	द	क	द	ल	प	श
ञ	स	र	फ	ब	द	ग	ड	◌ी	भ	◌्	स	ए	◌ा
ष	ष	ए	उ	त	◌्	त	र	उ	◌ू	व	श	ध	न
ढ	त	द	ऊ	त	व	ह	ख	आ	म	◌ी	न	◌ा	◌्
घ	फ	स	य	ट	◌ी	द	श	य	ध	प	आ	प	त
य	उ	ल	व	घ	प	र	श	प	◌्	श	ख	इ	र
म	ध	◌्	य	◌ा	ह	◌्	न	ह	य	◌्	स	स	ध
ग	उ	ख	य	ठ	ऊ	ष	म	◌ा	र	च	म	ल	ड
ह	ष	ण	ण	भ	फ	थ	व	ड	◌े	◌ि	◌ु	घ	ड
फ	प	र	फ	श	प	छ	ञ	◌़	ख	म	द	◌े	श
ऊ	◌ं	च	◌ा	ई	स	ग	◌ो	ल	◌ा	र	◌्	ध	भ
फ	ठ	भ	ब	ल	ड	ध	म	ह	प	ण	र	व	ल

एटलस
भूमध्य रेखा
पहाड़
अक्षांश
नदी
गोलार्ध
ऊंचाई
द्वीप
नक्शा
महाद्वीप
देश
देशान्तर
समुद्र
मध्याह्न
उत्तर
सागर
क्षेत्र
शहर
दुनिया
पश्चिम

75 - Zahlen

ष	थ	इ	व	उ	प	ण	त	ड	फ	च	व	ट	थ
स	द	ए	ख	ख	◌ं	स	◌ो	ल	ह	आ	ष	व	श
त	श	ख	ग	य	द	च	उ	द	ख	ञ	ए	न	श
◌्	म	ध	छ	फ	◌्	व	◌ौ	ए	इ	इ	ख	ड	ल
र	ल	ऊ	त	◌े	र	ह	ऊ	द	श	◌ू	न	◌्	य
ह	व	ब	◌ी	स	ह	इ	छ	फ	ह	घ	◌ौ	प	ब
उ	न	◌्	न	◌ी	स	त	च	अ	ठ	◌ा	र	ह	◌ा
च	व	द	◌ो	ब	◌ा	ह	◌ा	ण	भ	आ	ठ	उ	र
द	ऊ	ह	म	ण	त	ध	र	थ	न	ठ	ड	स	ह
उ	घ	ग	ष	ण	र	ढ	थ	प	प	ब	श	ऊ	र
इ	व	ए	स	र	ठ	फ	स	ष	ल	◌ा	ल	ल	उ
थ	घ	य	ठ	व	ब	ट	थ	ध	ह	त	◌ं	द	म
श	थ	ठ	ख	प	य	द	फ	ण	छ	ठ	ल	च	ठ
छ	उ	प	फ	ग	ञ	स	ढ	भ	फ	ह	त	च	ण

आठ
अठारह
दशमलव
तीन
तेरह
पांच
पंद्रह
नौ
उन्नीस
शून्य
छह
सोलह
सात
सत्रह
चार
चौदह
दस
बीस
दो
बारह

76 - Kunst Liefert

र	फ	ण	र	◌ं	ग	◌ो	◌ं	द	ण	श	ञ	ए	ग
ढ	च	व	ड	य	छ	ट	ढ	ए	छ	छ	य	उ	आ
च	न	न	च	◌ि	त	◌्	र	फ	ल	क	आ	न	आ
ब	ण	प	◌ा	न	◌ी	ह	क	◌ा	ग	ज	ष	ष	ट
ञ	ग	घ	उ	त	◌े	ल	ए	ब	द	फ	च	च	ष
ध	ऊ	ट	प	स	◌्	य	◌ा	ह	◌ी	ग	ठ	फ	थ
थ	ए	छ	◌े	आ	ब	म	च	द	श	व	ल	म	ह
उ	द	र	◌ं	ब	ख	ए	क	◌्	र	◌ि	ल	◌ि	क
ठ	श	घ	स	◌्	ल	छ	◌ै	त	छ	च	ब	ट	◌ु
थ	ञ	ऊ	◌ि	र	ए	घ	म	ब	◌ा	◌ा	श	◌्	र
द	ड	ढ	ल	श	न	उ	र	थ	ठ	र	स	ट	◌्
भ	श	र	ब	ड	◌़	इ	◌ा	ब	ष	◌ो	श	◌ी	स
प	ष	ऊ	ण	व	व	भ	ठ	ण	ड	◌ं	आ	ख	◌ी
ध	ञ	ए	ञ	द	ण	ग	ए	ग	न	ह	श	ञ	आ

एक्रीलिक
पेंसिल
ब्रश
रंग
विचारों
कैमरा
रचनात्मकता
गोंद
तेल
कागज
रबड़
चित्रफलक
कुर्सी
टेबल
स्याही
मिट्टी
पानी

77 - Tage und Monate

द	ज	स	थ	ए	फ	ञ	य	र	न	श	म	प	ण
फ	न	◌ू	ण	ल	र	ख	ञ	व	व	स	ह	आ	च
ह	व	श	न	◌ि	व	◌ा	र	◌ि	◌ं	◌ो	◌ी	छ	ह
फ	र	फ	ग	ढ	र	ध	भ	व	ब	म	न	ह	ञ
ह	◌ी	ल	ध	श	◌ी	म	ख	◌ा	र	व	◌ा	स	र
ज	◌ु	ल	◌ा	ई	◌ु	अ	◌ं	र	भ	◌ा	आ	◌ि	स
उ	ख	छ	ऊ	छ	ब	क	ड	ग	च	र	ट	त	स
ड	ठ	घ	य	ल	◌ु	◌्	◌्	◌ु	ल	थ	न	◌ं	प
त	ए	च	थ	ढ	ध	ट	ब	र	त	व	भ	ब	◌्
व	र	◌्	ष	ड	व	◌ू	छ	◌ू	व	य	◌ा	र	त
भ	ल	स	ध	आ	◌ा	ब	प	व	घ	◌ा	श	र	◌ा
द	◌ि	स	◌ं	ब	र	र	ठ	◌ा	ण	ध	र	ब	ह
क	◌ै	ल	◌े	◌ं	ड	र	ड	र	ख	श	उ	ब	च
ञ	अ	ग	स	◌्	त	ड	भ	स	ऊ	त	द	ए	थ

अगस्त
दिसंबर
मंगलवार
गुरूवार
फरवरी
शुक्रवार
वर्ष
जनवरी
जुलाई
जून
कैलेंडर
बुधवार
महीना
सोमवार
नवंबर
अक्टूबर
शनिवार
सितंबर
रविवार
सप्ताह

78 - Piraten

ऊ	ह	इ	झ	◌ं	ड	◌ा	ब	व	छ	द	ख	स	ग
द	◌ि	क	◌्	स	◌ू	च	क	र	स	◌्	ख	◌ा	श
द	◌ं	त	क	थ	◌ा	स	भ	छ	म	व	त	ह	ष
क	ऊ	ठ	छ	छ	स	घ	◌ि	ह	◌ु	◌ी	र	स	ए
प	ष	ढ	ठ	श	र	ञ	न	क	द	प	◌ा	◌ि	ग
◌्	स	इ	श	य	च	ढ	त	ठ	◌्	ऊ	य	क	य
त	ण	म	ग	ढ	ट	भ	म	उ	र	क	घ	व	ह
◌ा	क	◌्	र	◌ू	फ	द	ट	त	त	ल	◌े	ष	ट
न	◌ि	श	◌ा	न	इ	श	श	व	ट	न	◌ं	ख	श
ढ	ब	ग	ब	क	श	घ	ह	ख	च	ख	ष	ग	ढ
ष	त	ग	फ	◌्	ह	थ	म	प	ऊ	ड	ड	भ	र
स	◌ो	न	◌ा	श	व	न	ब	◌ु	र	◌ा	थ	ष	ल
आ	त	ल	व	◌ा	र	व	ट	फ	घ	ग	◌ु	फ	◌ा
स	◌ा	ग	घ	ण	ण	य	ग	द	ख	ज	◌ा	न	◌ा

साहसिक
लंगर
क्रू
झंडा
खतरा
सोना
गुफा
द्वीप
कप्तान
नक्शा
दिक्सूचक
दंतकथा
सिक्के
निशान
तोता
रम
खजाना
बुरा
तलवार
समुद्र तट

79 - Emotionen

थ	ठ	ट	प	द	छ	ब	ट	ड	भ	आ	ढ	ए	ब
प	ढ	छ	ध	य	इ	ब	फ	व	छ	श	द	ड	◌ो
भ	ण	आ	भ	◌ा	र	◌ौ	ढ	फ	प	◌्	य	◌ा	र
ट	प	य	ह	ल	उ	द	◌ा	स	◌ौ	च	न	स	◌ि
क	श	ऊ	ब	◌ु	ञ	च	ग	स	ढ	र	इ	ह	य
श	◌ो	◌ा	ष	त	घ	व	ख	ढ	श	◌्	क	◌ा	त
ड	आ	म	◌ं	◌ा	घ	त	च	ए	घ	य	◌्	न	श
र	र	न	ल	त	ण	व	द	उ	घ	र	र	◌ु	स
ए	◌ा	ष	च	त	◌ि	छ	ञ	थ	स	ल	◌ो	भ	◌ं
व	ग	ह	घ	ठ	◌ा	श	◌ा	◌ं	त	उ	ध	◌ू	त
स	इ	व	त	श	र	◌्	म	◌ि	◌ं	द	◌ा	त	◌ु
प	ड	ट	ऊ	ब	ह	र	◌्	ष	श	ड	ढ	◌ि	ष
य	ढ	श	ष	ब	ऊ	ड	ए	ठ	ल	भ	व	भ	◌्
त	स	ख	ऊ	स	ऊ	न	व	ऊ	आ	ब	ह	उ	ट

डर
शर्मिंदा
आभारी
हर्ष
दयालुता
शांति
बोरियत
प्यार
राहत
शांत
सहानुभूति
उदासी
आश्चर्य
क्रोध
कोमलता
संतुष्ट

80 - Zu Füllen

प	द	र	◌ा	ज	ल	ह	थ	ल	श	र	श	ब	इ
ब	◌ै	र	ल	ञ	ग	श	ह	इ	द	ऊ	भ	◌ा	ण
उ	य	क	उ	ह	ऊ	भ	ल	इ	ह	ख	च	ल	ह
ञ	ध	◌ा	◌े	ल	◌ि	फ	◌ा	फ	◌ा	आ	प	◌्	स
न	ट	र	ज	ट	फ	◌ू	ल	द	◌ा	न	ठ	ट	उ
र	◌ो	◌्	◌े	फ	य	ट	ट	◌ो	क	र	◌ा	◌ी	व
ट	क	ट	ब	◌ॉ	क	◌्	स	◌्	घ	थ	इ	इ	आ
ढ	र	न	व	◌ो	ऊ	र	ढ	ख	य	ड	ड	ष	च
उ	◌ी	उ	द	ण	त	◌े	इ	व	र	◌ू	ञ	थ	ष
र	ग	ट	फ	◌़	◌ो	ल	◌्	ड	र	ध	ब	ध	आ
ड	ञ	ढ	च	ध	ए	द	ग	घ	◌ा	ट	◌ी	ऊ	घ
र	फ	श	स	ख	च	ए	ट	ऊ	ड	ञ	स	ण	उ
ञ	ड	घ	ञ	ए	द	आ	ब	श	ञ	ठ	त	श	ड
ब	स	◌ू	ट	क	◌े	स	द	ड	भ	न	द	भ	ठ

घाटी
बॉक्स
बाल्टी
बैरल
बोतल
कार्टन
टोकरा
सूटकेस
टोकरी
फ़ोल्डर
पैकेट
ट्यूब
दराज
टे
जेब
लिफाफा
फूलदान
टब

81 - Surfen

श	आ	फ	श	फ	द	ह	उ	र	ह	घ	ढ	ठ	ह
◌ै	इ	र	◌ु	त	◌ो	म	ग	ल	म	ह	प	र	आ
ल	म	च	र	म	◌ा	म	ज	◌़	◌ा	ल	ट	य	भ
◌ी	ह	ड	◌ु	स	च	क	ण	ग	ल	◌ो	ढ	च	म
स	ढ	र	आ	◌ा	ह	र	त	त	ष	क	ढ	प	फ
म	ए	त	त	ग	ह	ब	ऊ	◌ि	ह	प	◌े	ट	आ
◌ु	म	द	इ	र	ख	ञ	य	च	ट	◌्	ट	◌ा	न
द	◌ौ	र	ण	म	छ	ट	म	ध	ष	र	आ	ए	ण
◌्	स	स	ञ	आ	म	च	◌ै	◌ं	प	◌ि	य	न	त
र	म	ढ	ध	च	फ	ए	ऊ	छ	ड	य	त	ण	श
त	घ	ल	ढ	ख	◌ि	ल	◌ा	ड	◌़	◌ी	ह	श	न
ट	न	भ	◌ी	ड	◌़	ध	द	प	ध	घ	ख	द	आ
ऊ	ञ	म	थ	ब	श	म	फ	ठ	फ	ल	य	ब	ल
श	ड	य	द	ऊ	च	फ	ञ	प	ख	ख	ण	द	ण

शुरुआत
खिलाड़ी
लोकप्रिय
चैंपियन
चरम
गति
पेट
भीड़
सागर

चट्टान
फोम
मज़ा
ताकत
शैली
समुद्र तट
लहर
मौसम

82 - Kräuterkunde

ग	ट	च	ह	ठ	ठ	प	फ	द	◌ि	ल	ह	फ	उ
ख	◌ु	श	ब	◌ू	द	◌ा	र	◌ू	ल	◌ै	घ	भ	प
अ	ग	ण	घ	स	ग	क	उ	श	ल	व	ह	ह	फ
स	ज	ब	व	ब	ग	◌ी	च	◌ा	क	◌े	स	र	थ
च	स	म	भ	त	स	◌्	व	◌ा	द	◌ं	द	आ	ल
ठ	थ	द	◌ो	न	◌्	ञ	इ	ठ	व	ड	ब	ऊ	ह
ध	ष	व	ण	द	त	त	ल	ऊ	ह	र	◌ा	फ	स
ग	उ	ञ	आ	◌ौ	थ	ख	◌ा	व	त	व	ढ	ण	◌ु
घ	ट	क	ढ	न	ढ	ल	उ	क	◌ु	ठ	र	◌ा	न
व	ध	श	ऊ	◌ी	म	र	त	ड	ल	ण	ऊ	च	य
अ	ज	व	◌ा	य	न	छ	भ	ब	स	◌ौ	◌ं	फ	ठ
ल	◌ा	भ	क	◌ा	र	◌ी	छ	उ	◌ी	ट	ध	ण	भ
आ	च	ग	व	र	त	◌ा	र	ग	◌ो	न	थ	व	ध
छ	ठ	ण	य	इ	ऊ	ख	ध	ए	ण	ह	थ	ऊ	त

खुशबूदार
तुलसी
फूल
दिल
तारगोन
सौंफ
बगीचा
स्वाद
हरा
लहसुन

पाक
लैवेंडर
कुठरा
अजमोद
गुणवत्ता
दौनी
केसर
अजवायन
लाभकारी
घटक

83 - Tugenden #1

ह	ठ	व	थ	ऊ	त	त	र	इ	प	म	आ	ब	ष
क	ल	ा	त	्	म	क	श	त	ब	ए	क	ु	ग
ढ	ु	न	ठ	ध	द	ए	छ	ग	ग	ल	र	द	ब
व	ं	श	ठ	प	ञ	ब	ग	अ	न	इ	्	्	ञ
्	म	ग	ल	ख	त	इ	ब	ड	च	र	ष	ध	ठ
य	घ	च	च	व	भ	ा	व	ु	क	्	क	ि	ख
ा	र	छ	ज	ि	ज	्	ञ	ा	स	ु	छ	म	भ
व	ो	ढ	व	श	व	भ	श	र	ढ	उ	द	ा	र
ह	ग	छ	स	्	व	च	्	छ	व	थ	ष	न	फ
ा	ी	र	भ	व	ि	श	्	व	ा	स	उ	ठ	च
र	ह	ढ	त	स	्	व	त	ं	त	्	र	न	ख
ि	ञ	द	प	न	ि	र	्	ण	ा	य	क	ञ	श
क	त	फ	ष	ी	म	ा	म	ू	ल	ी	ष	ष	त
त	उ	उ	प	य	ो	ग	ी	ए	य	न	ठ	ह	प

मामूली
आकर्षक
कुशल
निर्णायक
रोगी
उदार
अच्छा
उपयोगी
बुद्धिमान
कलात्मक
भावुक
जिज्ञासु
व्यावहारिक
स्वच्छ
स्वतंत्र
ढंग
विश्वसनीय
विश्वास

84 - Aktivitäten und Freizeit

ब	उ	द	ल	ष	ड	द	त	ड	ष	प	ध	क	त
छ	◌े	ख	ट	स	ड	ष	र	◌ै	आ	घ	ड	ल	घ
ष	ट	स	र	◌्	फ	◌ि	◌ं	ग	र	य	श	◌ा	ञ
फ	ल	ऊ	ब	ए	च	ञ	ञ	◌ो	◌ा	◌ा	◌ौ	र	ध
ह	र	ग	ऊ	◌ॉ	इ	च	ड	ल	म	त	क	ध	ब
ट	ष	स	स	ड	ल	ख	◌े	◌्	व	◌्	ब	◌ी	◌ा
र	◌े	म	छ	र	ष	र	र	फ	◌ॉ	र	◌ा	ह	स
ब	श	न	ध	ख	द	◌ी	◌ा	ऊ	ल	◌ा	ग	ल	◌्
न	ल	ए	◌ि	फ	न	द	ड	द	◌ी	प	व	ध	क
ठ	ट	थ	ड	स	स	◌ा	◌ा	र	ब	त	◌ा	थ	◌े
उ	य	ल	ध	ल	भ	र	ल	म	◌ॉ	ण	न	ण	ट
ल	इ	द	ढ	व	स	◌ी	न	त	ल	ल	◌ी	घ	ब
ड	◌ा	इ	व	◌ि	◌ं	ग	◌ा	ष	द	श	ह	द	◌ॉ
म	छ	ल	◌ी	प	क	ड	◌़	न	◌े	र	म	ग	ल

मछली पकड़ने
बेसबॉल
बास्केटबॉल
डेरा डालना
खरीदारी
आराम
बागवानी
गोल्फ

शौक
कला
यात्रा
तैराकी
सर्फिंग
डाइविंग
टेनिस
वॉलीबॉल

85 - Formen

व	घ	ञ	श	श	द	ण	च	ण	श	ञ	छ	प	ष
ब	न	न	ध	ख	च	छ	र	ष	◌ं	ण	ल	◌ि	ब
स	◌ि	ल	◌े	◌ं	ड	र	क	ठ	क	त	ख	र	ह
त	◌्	र	◌ि	क	◌ो	ण	◌ो	◌ि	◌ु	ब	म	◌ा	◌ु
स	प	द	च	ढ	ध	ठ	न	त	न	ब	द	म	भ
ल	क	ष	◌ी	ग	ड	ह	◌े	ब	च	◌ा	प	◌ि	◌ु
ख	◌्	उ	ए	र	ह	श	भ	व	क	◌्	र	ड	ज
व	ष	आ	य	त	◌्	स	छ	र	◌े	ख	◌ा	◌ो	अ
इ	ढ	न	इ	य	ण	घ	ल	◌्	ए	थ	घ	न	◌ं
प	◌्	र	◌ि	ज	◌्	म	व	ग	◌ो	ल	ड	ञ	ड
र	थ	फ	उ	ञ	इ	ए	◌ृ	◌ृ	उ	न	ट	ढ	◌ा
च	श	ब	ऊ	द	ध	इ	त	ल	त	ञ	घ	ए	क
ब	ढ	श	ध	ष	ञ	भ	◌्	ड	म	◌्	ट	श	◌ा
ख	ह	त	ऊ	ढ	भ	य	त	उ	इ	ब	त	श	र

चाप
त्रिकोण
कोने
दीर्घवृत्त
किनारों
शंकु
वृत्त
वक्र
रेखा
अंडाकार

बहुभुज
प्रिज्म
पिरामिड
वर्ग
आयत
गोल
पक्ष
घन
सिलेंडर

86 - Adjektive #2

व	ब	ष	स	ग	ब	स	द	ए	ख	ढ	ग	श	ल
भ	◌ू	ख	◌ा	ख	ऊ	◌ु	ज	◌ि	प	फ	र	फ	म
ण	ल	स	ध	उ	व	र	◌ि	त	ल	उ	◌्	भ	प
फ	उ	इ	◌ा	ञ	प	◌ु	म	थ	ए	च	व	उ	थ
त	ञ	ड	र	ण	◌्	च	◌्	ण	द	प	स	त	र
◌ा	ढ	थ	ण	थ	र	◌ि	म	ज	ब	◌ू	त	◌्	ध
ज	छ	ध	ख	ट	स	प	◌े	न	इ	ग	ध	प	प
◌ा	फ	द	छ	◌ा	◌ि	◌ू	द	◌ा	ध	प	स	◌ा	ग
न	म	क	◌ी	न	द	र	◌ा	ट	स	ण	ए	द	ढ
ए	य	न	ण	स	◌्	◌्	र	क	◌्	ख	च	क	ह
ञ	च	◌ा	भ	ण	ध	ण	य	◌ी	व	ष	य	त	त
र	च	न	◌ा	त	◌्	म	क	य	स	घ	ल	ए	म
इ	त	व	र	◌्	ण	न	◌ा	त	◌्	म	क	ठ	उ
प	◌्	र	◌ा	क	◌ृ	त	◌ि	क	थ	फ	छ	य	द

प्रसिद्ध
वर्णनात्मक
नाटकीय
सुरुचिपूर्ण
खाद्य
ताजा
स्वस्थ
भूखा
दिलचस्प
रचनात्मक
प्राकृतिक
नया
साधारण
उत्पादक
नमकीन
मजबूत
गर्व
जिम्मेदार

87 - Kleidung

ए	व	व	ज	ड	ढ	र	घ	उ	थ	ब	ध	ण	ष
च	ष	ब	प	◌ै	◌ं	ट	ए	आ	द	इ	श	द	ठ
ए	थ	ण	घ	छ	क	◌ो	ट	म	ठ	ब	ग	द	ए
ज	◌ू	त	◌ा	ण	द	◌े	स	◌्	व	◌े	ट	र	ण
र	ब	ढ	ए	ड	◌ु	ष	ट	म	इ	ल	◌ो	क	ज
ए	प	◌्	र	न	प	प	स	आ	ढ	◌्	प	◌ं	◌ी
प	◌ो	श	◌ा	क	ट	ग	◌्	घ	भ	ट	◌ी	ग	न
◌ा	ड	भ	भ	म	◌्	ण	क	छ	ड	◌ू	उ	न	◌्
ज	व	छ	ल	◌ी	ट	र	र	च	ठ	श	ष	य	स
◌ा	छ	फ	त	ज	◌ा	ख	◌्	आ	घ	ऊ	ख	ण	आ
म	ग	ट	◌ै	स	य	ऊ	ट	ब	◌्	ल	◌ा	उ	ज
◌ा	त	भ	द	श	म	थ	ए	इ	ह	ढ	ख	व	फ
प	ल	उ	प	ऊ	न	श	प	व	◌ा	ण	श	ठ	स
द	स	◌्	त	◌ा	न	◌े	थ	त	र	र	ठ	इ	न

कंगन
ब्लाउज
बेल्ट
हार
दस्ताने
कमीज
पैंट
टोपी
जैकेट
जीन्स
पोशाक
कोट
फैशन
स्वेटर
स्कर्ट
दुपट्टा
पाजामा
आभूषण
जूता
एप्रन

88 - Sommer

द	◌ो	स	◌्	त	◌ो	◌ं	ल	स	च	ड	छ	घ	छ
य	ख	म	◌ै	म	य	व	स	श	ख	◌े	ल	व	◌ु
प	ब	◌ु	ग	◌ं	ख	छ	म	ञ	ह	र	◌्	ष	ट
श	त	द	इ	स	ड	ट	◌ु	अ	स	◌ा	श	उ	◌्
इ	द	◌्	त	◌ि	इ	ल	द	व	◌ं	ड	र	स	ट
त	च	र	ण	त	ऊ	ब	◌्	क	ग	◌ा	थ	स	◌ी
व	उ	त	य	◌ा	त	◌्	र	◌ा	◌ी	ल	ब	स	त
त	ख	ट	◌ा	र	स	थ	ड	श	त	न	ल	ह	ढ
आ	र	थ	द	◌े	ड	ब	◌ा	द	थ	◌ा	ट	द	उ
श	श	ण	◌े	ध	ष	ग	इ	भ	◌ो	ज	न	व	म
य	ग	ध	◌ं	ण	प	म	व	ब	ग	◌ी	च	◌ा	ठ
व	◌ि	श	◌्	र	◌ा	म	◌ि	प	र	◌ि	व	◌ा	र
प	◌ु	स	◌्	त	क	◌े	◌ं	प	ढ	च	थ	व	ण
ट	ब	व	फ	ब	र	ध	ग	ट	ख	आ	आ	र	श

पुस्तकें
डेरा डालना
विश्राम
यादें
भोजन
परिवार
अवकाश
हर्ष
दोस्तों
बगीचा
समुद्र
संगीत
यात्रा
सैंडल
खेल
सितारे
समुद्र तट
डाइविंग
छुट्टी

89 - Haus

ह	इ	स	थ	ब	ख	ऊ	द	च	इ	न	त	ब	भ
स	ऊ	श	◌ी	ञ	◌ि	उ	◌ी	◌ि	द	ध	घ	त	ह
उ	द	द	थ	ढ	ड	स	व	म	त	म	ग	प	त
ध	र	स	◌ो	ई	◌़	व	◌ा	न	ल	फ	ब	ध	घ
आ	◌्	ह	स	व	क	◌ी	र	◌ी	ह	ट	ण	फ	ग
ऊ	प	ब	घ	छ	◌ी	त	ब	व	घ	ढ	अ	ख	◌ै
ए	ण	द	ग	त	ण	च	ख	स	स	घ	ट	ग	र
द	प	ष	ख	◌ी	य	ठ	श	ब	◌ौ	छ	◌ा	र	◌े
◌ी	क	थ	थ	थ	च	झ	फ	य	र	त	र	क	ज
प	◌ु	स	◌्	त	क	◌ा	ल	य	न	ञ	◌ी	क	ञ
क	◌ं	छ	उ	ब	◌ा	ड	◌़	ट	इ	क	ल	◌्	ठ
ञ	ज	थ	ऊ	च	ख	◌़	उ	ढ	ऊ	त	क	ष	त
श	◌ी	व	ग	य	उ	◌ू	ट	य	घ	ब	ख	◌्	फ
फ	र	◌्	न	◌ी	च	र	द	र	व	◌ा	ज	◌ा	ष

झाड़
पुस्तकालय
छत
अटारी
बौछार
खिड़की
गैरेज
बगीचा
चिमनी
रसोई
दीपक
फर्नीचर
शयनकक्ष
कुंजी
दर्पण
सीढ़ी
दरवाजा
दीवार
बाड़
कक्ष

90 - Bauernhof #1

स	प	◌ा	न	◌ी	ग	ड	उ	र	◌्	व	र	क	र
ह	ड	घ	च	च	ह	◌ा	क	◌ृ	ष	ि◌	ऊ	◌ौ	र
न	ऊ	ब	◌ा	ड	◌़	र	य	ल	ण	ठ	ड	आ	इ
ब	ग	छ	व	ढ	ठ	ञ	श	ठ	थ	स	य	म	प
स	फ	ड	ल	ञ	ऊ	ड	ढ	भ	स	व	च	ध	इ
फ	छ	◌़	श	ष	घ	ण	ध	द	◌ू	ध	थ	◌ु	र
ढ	थ	◌ा	ह	द	च	छ	ढ	ब	अ	म	ण	म	र
ग	घ	इ	द	च	र	ठ	ल	म	र	च	ि◌	क	न
आ	ध	घ	◌ा	स	च	ग	त	फ	उ	आ	छ	◌्	ब
ड	त	◌ा	घ	◌ो	ड	◌़	◌ा	ख	म	भ	व	ख	ि◌
थ	भ	ष	ञ	ब	ण	ब	ख	◌े	र	ट	फ	◌ी	ल
ट	ढ	घ	ए	छ	ञ	क	◌ु	त	◌्	त	◌ा	ट	◌्
च	ठ	स	ब	द	च	र	ध	ठ	आ	थ	म	व	ल
ड	प	प	इ	उ	च	◌ी	ग	ए	च	स	ध	उ	◌ी

मधुमक्खी
उर्वरक
गधा
खेत
घास
शहद
चिकन
कुत्ता
बछड़ा
बिल्ली
कौआ
गाय
भूमि
कृषि
घोड़ा
चावल
सूअर
पानी
बाड़
बकरी

91 - Berufe #1

म	भ	ू	व	ि	ज	्	ञ	ा	न	ी	आ	प	प
स	न	भ	ट	व	ए	ऊ	ब	न	र	च	थ	ि	श
इ	ं	ो	भ	छ	ष	आ	ै	र	्	ि	ग	य	ु
म	ल	ग	व	क	ी	ल	ं	घ	स	क	थ	ा	च
फ	प	ख	ी	ै	म	ै	क	े	न	ि	क	न	ि
म	ठ	फ	न	त	ज	उ	र	थ	ल	त	श	ो	क
ु	फ	ण	ष	च	क	्	ठ	ल	ए	्	ि	व	ि
न	ल	स	ा	ज	़	ा	ञ	ष	ड	स	क	ा	त
ौ	क	म	न	फ	उ	ट	र	ा	न	क	ा	द	्
म	ल	प	र	ा	ज	द	ू	त	न	छ	र	क	स
ट	ा	भ	्	छ	य	ौ	क	ो	च	ि	ी	ञ	क
ऊ	क	ध	त	ध	ष	ढ	ह	ष	र	ए	क	उ	ठ
ल	ा	व	क	ग	ट	थ	व	र	र	ठ	छ	च	म
ड	र	ए	ी	म	ल	म	ड	व	ी	ख	म	य	म

चोिकत्सक
बैंकर
राजदूत
मुनीम
भूविज्ञानी
शिकारी
जौहरी
नलसाज़
नर्स
कलाकार
मैकेनिक
संगीतकार
पियानोवादक
मनोवैज्ञानिक
वकील
नर्तकी
पशु चिकित्सक
कोच

92 - Adjektive #1

म	थ	प	स	क	◌्	र	◌ि	य	ग	ऊ	ख	स	इ
◌ू	छ	भ	म	न	ल	ठ	च	ड	घ	ह	ठ	ब	उ
ल	आ	ए	◌ा	ई	म	◌ा	न	द	◌ा	र	र	श	ख
◌्	क	व	न	ल	आ	उ	त	ध	ण	ढ	ष	◌ा	◌ु
य	र	न	ह	ढ	ठ	ब	त	◌्	ढ	घ	ष	न	श
व	◌्	अ	◌ं	ध	◌े	र	◌ा	◌्	म	ढ	भ	◌ि	ब
◌ा	ष	ध	◌ी	म	◌ा	ढ	व	आ	त	क	◌ा	र	◌ू
न	क	ए	उ	भ	म	ण	आ	ध	प	म	र	प	द
म	◌ा	स	◌ू	म	प	व	ख	◌ु	श	ऊ	◌ी	◌े	◌ा
ड	ठ	◌ु	ट	च	त	ञ	ध	न	ड	प	ट	क	र
र	भ	◌ं	आ	ट	ल	इ	व	◌ि	श	◌ा	ल	◌्	छ
ड	ण	द	ए	ष	◌ा	न	छ	क	प	ल	न	ष	छ
भ	ल	र	म	ह	त	◌्	व	प	◌ू	र	◌्	ण	ह
भ	य	ग	उ	इ	इ	ढ	प	च	प	थ	प	द	ख

निरपेक्ष
सक्रिय
खुशबूदार
आकर्षक
अंधेरा
पतला
ईमानदार
खुश
समान
कलात्मक
धीमा
आधुनिक
उत्तम
विशाल
सुंदर
भारी
गहरा
मासूम
मूल्यवान
महत्वपूर्ण

93 - Mathematik

छ	प	ट	य	स	अ	ब	ह	◌ु	भ	◌ु	ज	ष	ए
इ	न	आ	ग	श	ब	◌ं	श	ल	च	ध	◌्	श	भ
च	प	ल	य	ए	स	ऊ	श	ह	इ	य	य	◌ो	ग
प	त	थ	ग	त	फ	स	◌ं	ख	◌्	य	◌ा	ए	◌ॅ
ए	◌्	व	त	उ	र	द	च	स	ड	छ	म	स	ड
इ	र	र	ल	ग	थ	श	त	ण	ख	न	◌ि	म	व
ऊ	◌ि	◌्	त	ध	स	म	◌ा	न	◌ा	◌ं	त	र	◌्
फ	क	ग	घ	◌ि	ध	ल	थ	य	ए	अ	◌ि	◌ू	य
द	◌ो	उ	प	ठ	प	व	ञ	स	श	◌ं	प	प	◌ा
ग	ण	इ	ढ	व	ट	◌ा	ष	म	ल	क	र	त	स
ऊ	आ	ऊ	थ	इ	फ	आ	द	◌ी	र	ग	◌ि	◌ा	◌ी
त	◌्	र	◌ि	ज	◌्	य	◌ा	क	◌ो	ण	ध	र	ध
त	आ	र	व	ब	ख	त	भ	र	ख	◌ि	◌ि	उ	◌ा
भ	र	ट	च	ष	ऊ	न	ष	ण	फ	त	र	श	ल

अंकगणित
अंश
दशमलव
त्रिकोण
व्यास
प्रतिपादक
ज्यामिति
समीकरण
समानांतर
बहुभुज
वर्ग
त्रिज्या
आयत
सीधा
योग
समरूपता
परिधि
आयतन
कोण
संख्याएँ

94 - Messungen

व	क	र	ट	भ	ब	ञ	ह	ऊ	फ	ढ	इ	म	ल
ड	◌ि	ब	ग	ह	र	◌ा	ई	ल	फ	ञ	त	ढ	द
◌ि	ल	इ	य	ऊ	च	उ	इ	◌ी	ढ	श	ह	थ	श
ग	◌ो	ण	इ	◌ं	च	◌ौ	थ	ट	ग	◌्	र	◌ा	म
◌्	म	ध	च	च	आ	द	ड	र	इ	ग	थ	ण	ल
र	◌ी	घ	त	◌ा	य	श	ढ	◌़	द	स	ष	द	व
◌ी	ट	न	ञ	ई	त	उ	ध	प	◌ा	ख	ण	च	ज
फ	र	फ	ग	घ	न	र	र	ग	ष	ई	ढ	छ	न
ग	व	ख	क	◌ि	ल	◌ो	ग	◌्	र	◌ा	म	इ	ल
म	म	◌ा	स	व	ऊ	इ	प	य	ढ	ह	◌ि	ढ	◌ं
छ	◌ी	स	◌े	◌ं	ट	◌ी	म	◌ी	ट	र	न	ड	ब
त	ढ	ट	न	ढ	ढ	छ	ह	श	ध	घ	ट	औ	◌ा
इ	ऊ	इ	र	र	ष	ढ	घ	ट	उ	न	ब	◌ं	ई
फ	ट	घ	ए	ण	छ	ञ	त	र	उ	ऊ	ड	स	थ

चौड़ाई
बाइट
दशमलव
वजन
डिग्री
ग्राम
ऊंचाई
किलोग्राम
किलोमीटर
लंबाई
लीटर
मास
मीटर
मिनट
गहराई
टन
औंस
आयतन
सेंटीमीटर
इंच

95 - Schlösser

ध	ध	न	ख	ल	न	ट	म	म	त	ष	घ	म	र
म	छ	फ	श	ढ	न	च	◌ी	ढ	श	ब	ञ	ह	स
ह	म	ए	ड	ड	य	र	न	क	◌ि	ल	◌े	◌ा	◌ा
ल	ऊ	घ	◌ो	ड	◌़	◌ा	◌ा	श	व	प	च	न	म
र	छ	इ	ख	ढ	इ	ज	र	ज	य	छ	व	स	◌ं
द	◌ी	व	◌ा	र	आ	क	न	ख	व	क	च	थ	त
ग	◌ु	ल	◌े	ल	र	◌ु	त	◌ा	न	◌ं	व	ब	◌ी
◌े	थ	ण	ह	त	ए	म	ध	ई	भ	म	श	च	श
◌ं	त	भ	प	ऊ	ऊ	◌ा	श	◌ू	र	व	◌ी	र	प
ड	आ	स	◌ा	म	◌्	र	◌ा	ज	◌्	य	ग	ग	ठ
◌ा	थ	त	ल	व	◌ा	र	ग	द	अ	ज	ग	र	घ
न	च	घ	◌ा	र	◌ा	ज	क	◌ु	म	◌ा	र	◌ी	य
त	इ	न	ऊ	ज	श	ष	घ	र	फ	उ	ध	ब	आ
स	प	प	प	आ	उ	इ	ढ	ठ	स	ठ	र	र	श

अजगर
राजवंश
महान
गेंडा
किले
सामंती
खाई
गुलेल
ताज
महल
घोड़ा
राजकुमार
राजकुमारी
साम्राज्य
शूरवीर
कवच
तलवार
मीनार
दीवार

96 - Bauernhof #2

स	ड	फ	ण	ग	घ	द	ज	ऊ	म	द	द	स	आ
स	ब	थ	स	श	◌े	ट	ञ	◌ा	ठ	च	ब	ग	ठ
त	थ	ग	थ	ल	ष	ह	ख	य	न	र	ट	ब	य
च	प	न	ठ	ढ	ए	ह	◌ू	थ	ह	व	◌्	फ	त
फ	ल	प	क	◌ा	ह	◌ु	आ	◌ँ	ष	◌ा	र	ल	स
घ	◌ा	स	क	◌ा	म	◌ै	द	◌ा	न	ह	◌ै	◌ो	◌ि
ढ	च	इ	ठ	न	ठ	प	न	ब	भ	◌ा	क	द	◌ं
ख	ढ	म	ह	थ	घ	ढ	ष	द	त	ध	◌्	◌्	च
भ	म	क	ई	र	न	छ	ध	स	ण	उ	ट	य	◌ा
◌ो	◌े	क	◌ि	स	◌ा	न	प	छ	ञ	द	र	◌ा	ई
ज	म	ड	ऊ	ञ	स	ब	◌्	ज	◌ों	◌ू	ध	न	य
न	न	स	◌़	ट	ग	ञ	ठ	ध	ल	ध	ग	फ	भ
उ	◌ा	ख	ल	◌ि	ह	◌ा	न	ब	त	ख	ज	◌ौ	ए
श	ष	ध	ल	◌ा	म	◌ा	ए	ड	ग	ञ	ढ	ख	त

किसान
सिंचाई
बतख
भोजन
फल
सब्जी
जौ
लामा
मेमना
मकई
दूध
फलोद्यान
पका हुआ
भेड़
चरवाहा
खलिहान
जानवरों
ट्रैक्टर
गेहूँ
घास का मैदान

97 - Berufe #2

ल	◌ा	इ	ब	◌्	र	◌े	र	◌ि	य	न	च	फ	ज
ठ	त	भ	ग	ह	ह	ल	ञ	ध	ड	द	◌ि	आ	◌ी
उ	आ	ध	ठ	आ	◌ु	ढ	ह	छ	आ	◌ा	क	फ	व
श	◌ि	क	◌्	ष	क	भ	त	ढ	स	र	◌ि	इ	व
◌ो	ण	प	त	◌्	र	क	◌ा	र	श	◌्	त	ल	◌ि
ध	स	◌ा	ऊ	म	◌ा	द	ट	ष	ऊ	श	◌्	स	ज
क	ज	य	ख	◌ा	ज	ष	श	च	◌ी	न	स	◌्	◌्
र	◌ा	ल	थ	ल	न	ठ	द	प	व	◌ि	क	ट	ञ
◌्	स	ट	ल	◌ी	◌ी	म	र	ल	आ	क	ष	◌्	◌ा
त	◌ू	उ	ट	ब	त	थ	भ	न	ठ	ह	ध	र	न
◌ा	स	द	च	च	◌ि	त	◌्	र	क	◌ा	र	◌े	◌ी
स	र	◌्	ज	न	ज	य	त	स	थ	च	ब	ट	भ
फ	◌ो	ट	◌ो	ग	◌्	र	◌ा	फ	र	ल	र	र	ञ
म	घ	ऊ	उ	ध	ञ	इ	◌ं	ज	◌ी	न	◌ि	य	र

चिकित्सक
लाइब्रेरियन
जीवविज्ञानी
सर्जन
जासूस
शोधकर्ता
फोटोग्राफर
माली
इलस्ट्रेटर
इंजीनियर
पत्रकार
शिक्षक
बहुभाषी
चित्रकार
दार्शनिक
पायलट
राजनीतिज्ञ

98 - Freundlichkeit

स	छ	घ	उ	भ	स	थ	म	उ	न	य	ऊ	म	व
म	ह	ड	उ	द	य	◌ा	ल	◌ु	च	◌ौ	क	स	◌ि
झ	ट	न	र	प	◌ा	र	◌ो	ग	◌ी	ढ	घ	ड	श
ञ	ख	छ	श	म	य	र	ख	थ	आ	श	ई	ल	◌्
य	म	ऊ	ड	◌ी	म	◌ो	प	घ	घ	श	म	ठ	व
इ	◌े	ख	ह	इ	ल	थ	ग	प	◌्	य	◌ा	र	स
व	ह	व	य	स	य	ध	व	◌ी	छ	य	न	भ	न
ड	म	ग	◌्	र	ह	ण	श	◌ी	ल	त	द	ड	◌ी
ख	◌ा	ख	ए	ऊ	ऊ	ल	ट	उ	ठ	ण	◌ा	ध	य
अ	न	◌ु	क	◌ू	ल	ध	आ	ख	म	ञ	र	म	ए
प	न	श	आ	म	ह	श	ल	व	च	न	च	ध	ञ
ह	व	◌ा	स	◌्	त	व	◌ि	क	श	ड	ट	उ	प
य	◌ा	ए	ष	म	न	ञ	त	ट	ञ	म	व	ऊ	भ
ध	ज	ड	ब	छ	ह	ष	व	◌ि	न	◌ी	त	फ	ध

चौकस
वास्तविक
ईमानदार
ग्रहणशील
अनुकूल
मेहमाननवाज
रोगी
खुश
उदार
उपयोगी
प्यार
दयालु
विनीत
सहनशील
समझ
विश्वसनीय

99 - Erforschung

य	ढ	ढ	ए	श	उ	थ	थ	न	अ	न	ज	ा	न
र	ा	उ	व	ब	ख	त	र	ो	ं	व	ा	ज	इ
ऊ	त	त	ठ	ठ	भ	ऊ	्	भ	घ	ड	न	ं	थ
स	ञ	इ	्	ग	ू	ड	त	स	ग	द	व	ग	ष
अ	ं	ञ	द	र	भ	न	ध	ा	ा	छ	र	ल	आ
ं	व	स	द	स	ा	र	इ	ह	त	ह	ो	ी	उ
त	ज	र	्	य	ग	व	उ	स	ढ	द	ं	इ	भ
र	ो	ख	प	क	भ	ा	ष	ा	म	ऊ	उ	ढ	च
ि	ख	ट	ष	द	ृ	ढ	़	न	ि	श	्	च	य
क	ि	घ	ल	ढ	ञ	त	ध	ञ	घ	फ	थ	द	छ
्	म	ण	प	ट	स	ड	ि	ध	ल	घ	क	म	ऊ
ष	ग	त	ि	व	ि	ध	ि	य	ख	छ	ा	द	छ
द	भ	ए	ह	ड	ए	ड	इ	ऊ	ो	भ	व	ू	ल
न	य	ा	थ	ट	ब	य	उ	त	ज	ं	ट	र	छ

गतिविधि
उत्साह
खोज
दृढ़ निश्चय
थकावट
दूर
खतरों
जोखिम
भूभाग
संस्कृतियों
साहस
नया
अंतरिक्ष
यात्रा
भाषा
जानवरों
अनजान
जंगली

100 - Wetter

स	स	ढ	ग	य	ब	र	◌्	फ	ह	प	ज	उ	फ
च	इ	ऊ	श	उ	◌ि	ए	थ	ट	द	ह	ल	ष	ट
आ	◌ं	ध	◌ी	ब	ज	ब	ब	व	ष	ध	व	◌्	ठ
थ	द	ञ	ख	य	ल	क	◌ो	ह	र	◌ा	◌ा	ण	आ
ध	◌्	र	◌ु	व	◌ी	य	ञ	ख	फ	स	य	क	क
भ	र	व	म	द	ए	ल	ट	आ	त	ए	◌ु	ट	◌ा
ब	ध	स	◌ा	ग	श	ड	छ	द	◌ा	उ	आ	◌ि	श
◌ा	न	छ	न	य	ण	◌ा	च	भ	प	ग	ब	ब	थ
द	◌ु	ञ	स	स	◌ु	आ	◌ं	ए	म	र	ह	◌ं	ड
ल	ष	स	◌ू	ख	◌ा	म	ब	त	◌ा	ज	त	ध	ह
थ	न	म	न	ल	च	द	◌ं	ष	न	व	◌ू	◌ी	ड
प	प	श	च	उ	ब	व	◌ं	ड	र	ह	फ	य	घ
ब	ए	श	फ	र	ट	फ	स	ड	ल	ल	◌ा	ऊ	इ
इ	ड	ए	ग	ह	व	◌ा	ढ	ल	ध	य	न	ष	भ

वायुमंडल
बिजली
गरज
बर्फ
नम
आकाश
तूफान
जलवायु
मानसून
कोहरा
ध्रुवीय
इंद्रधनुष
शांत
आंधी
तापमान
बवंडर
सूखा
उष्णकटिबंधीय
हवा
बादल

1 - Ozean
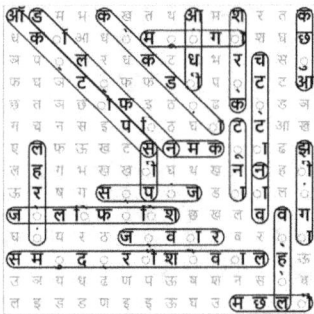

2 - Schule #1
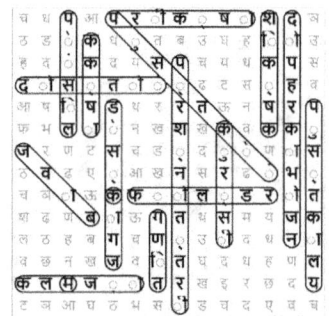

3 - Meditation
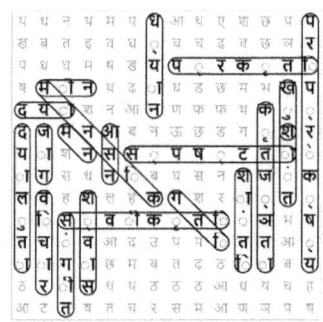

4 - Meisterschaft
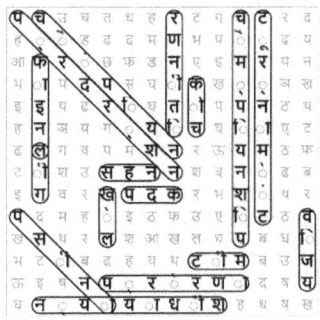

5 - Insekten
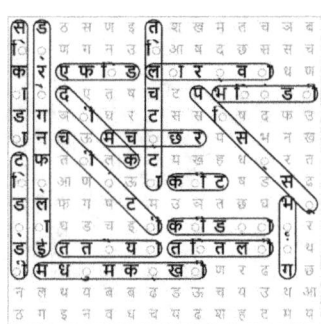

6 - Dinosaurier
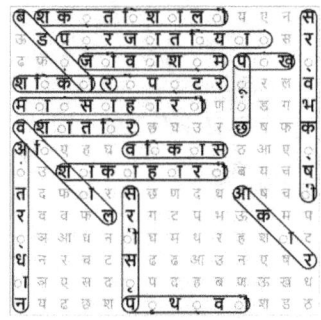

7 - Obst
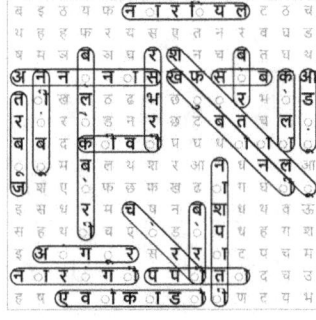

8 - Schule #2
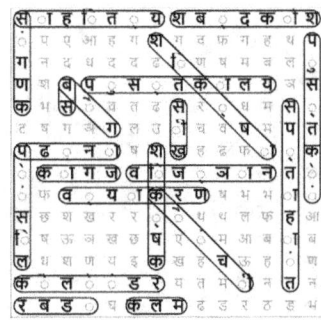

9 - Spielzeuge
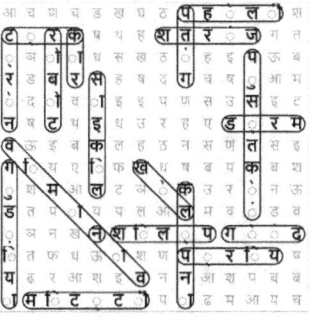

10 - Komödie
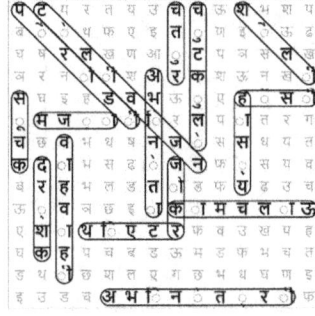

11 - Camping
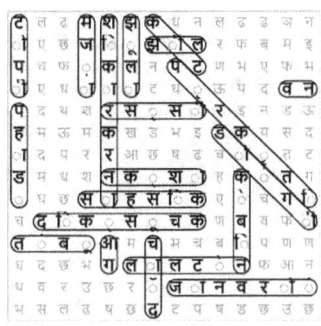

12 - Zeit
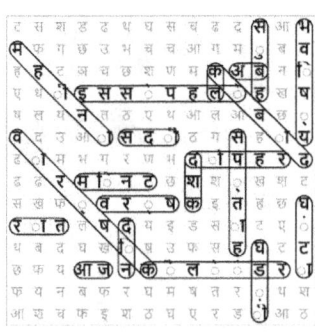

13 - Säugetiere

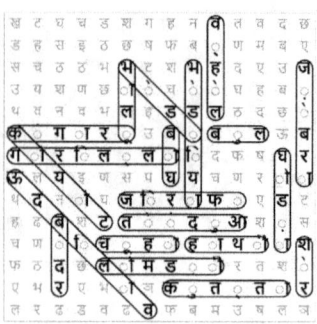

14 - Astronomie

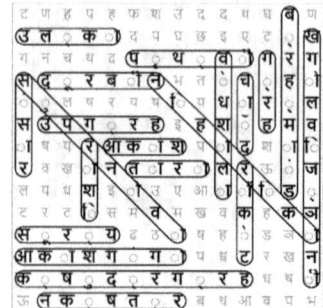

15 - Ballett

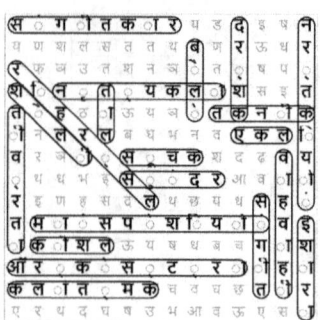

16 - Strand

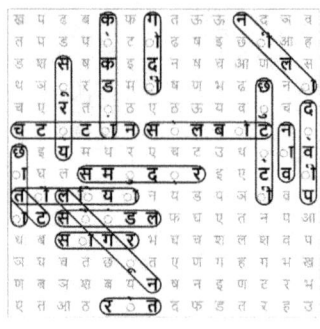

17 - Restaurant #1

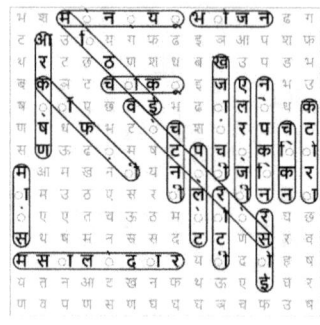

18 - Geologie

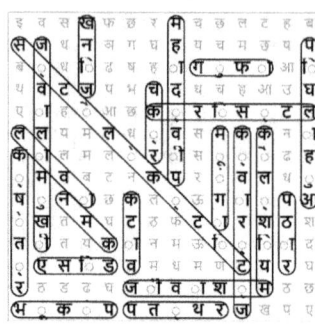

19 - Wissenschaft

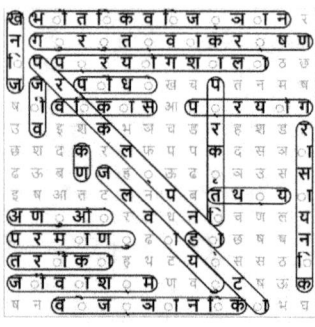

20 - Bildende Kunst

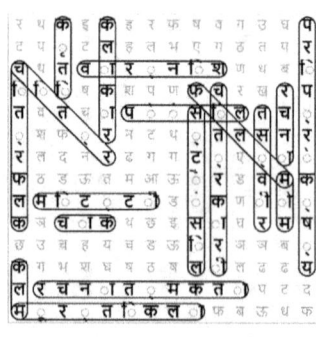

21 - Sport

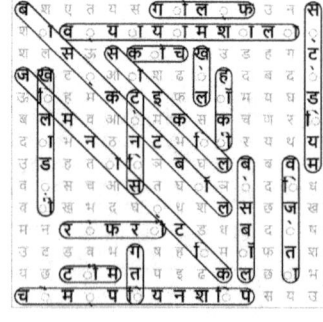

22 - Mythologie

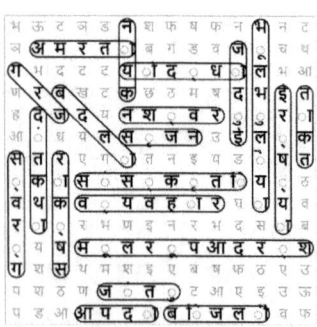

23 - Restaurant #2

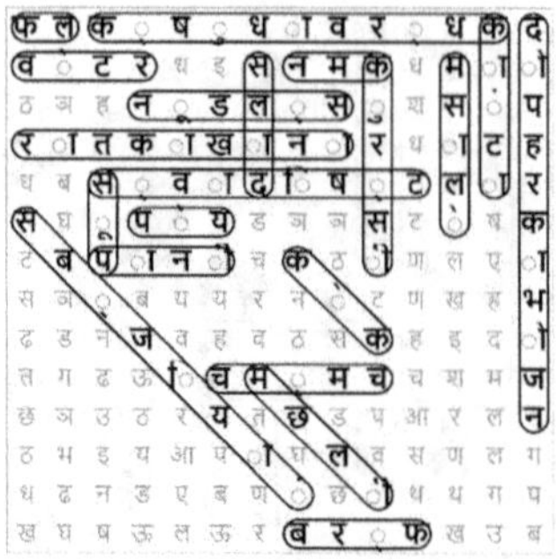

24 - Ökologie

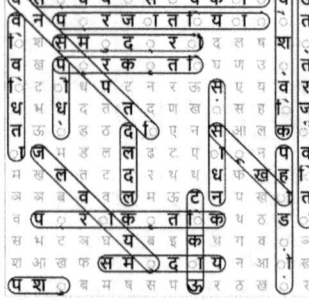

25 - Schokolade

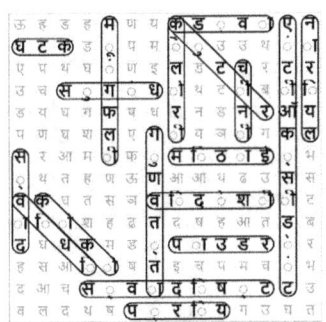

26 - Boote

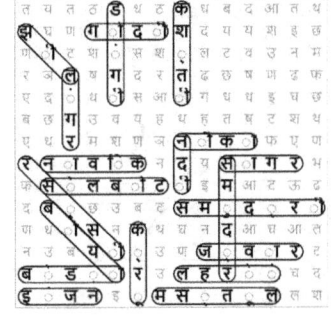

27 - Stadt

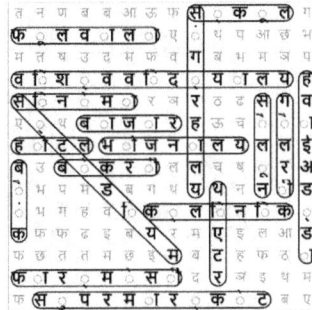

28 - Aktivitäten

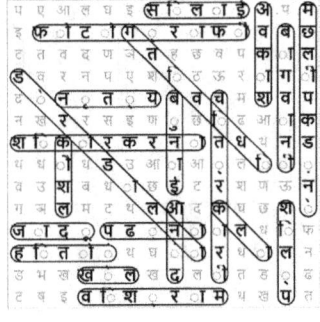

29 - Bienen

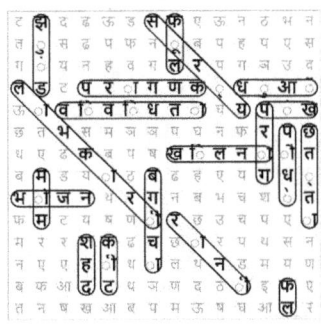

30 - Wissenschaftliche

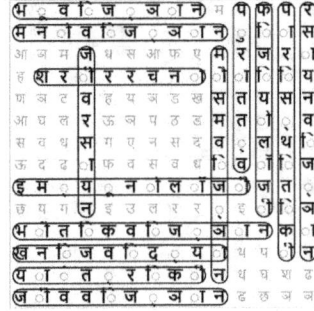

31 - Vögel

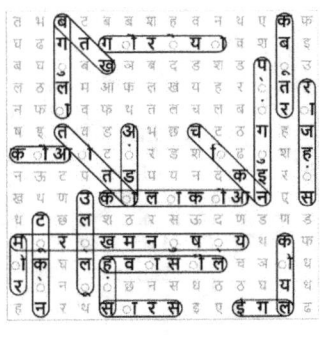

32 - Garten

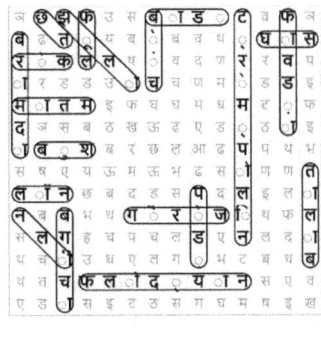

33 - Antarktis

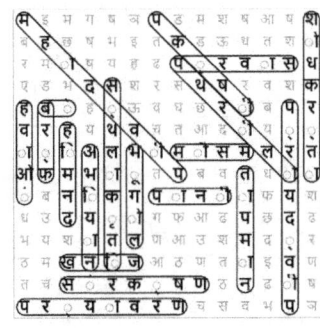

34 - Fahren

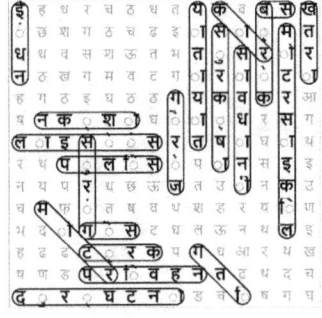

35 - Bücher

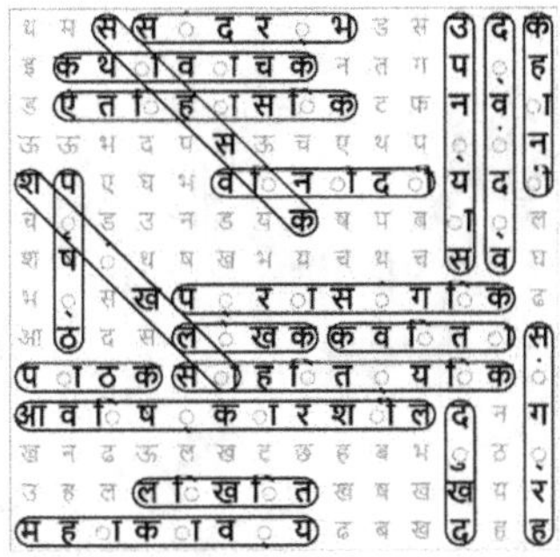

36 - Menschlicher Körper

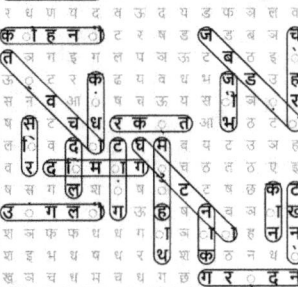

37 - Klettern

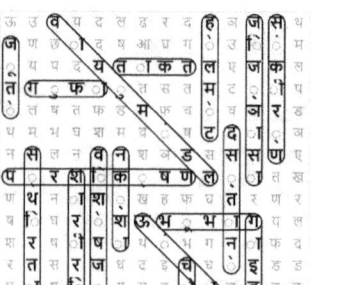

38 - Landschaften

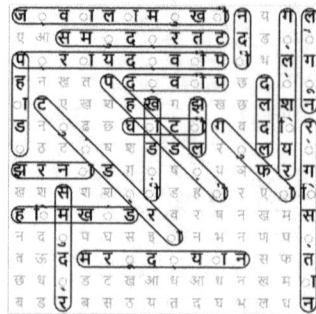

39 - Abenteuer

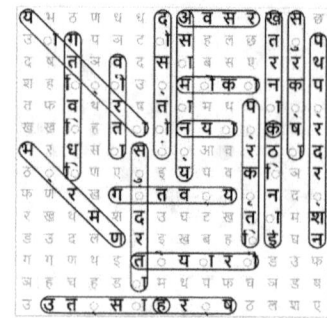

40 - Flugzeuge

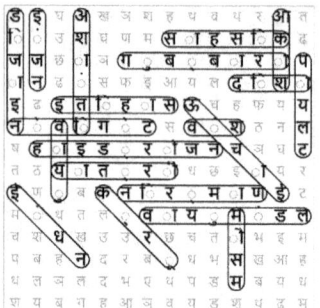

41 - Haartypen

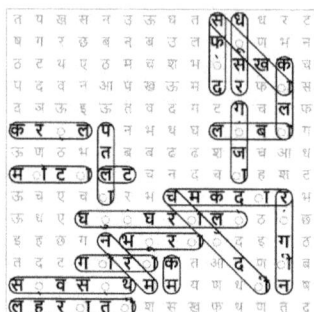

42 - Essen #1

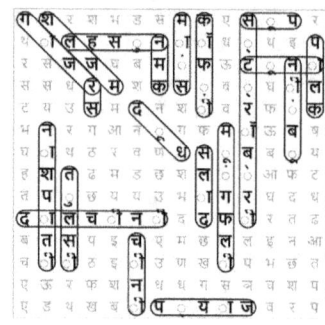

43 - Gebäude

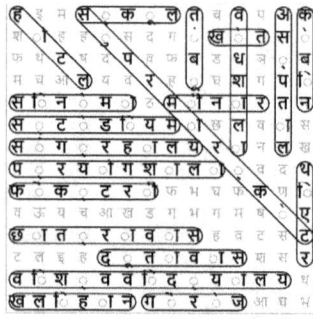

44 - Angeln

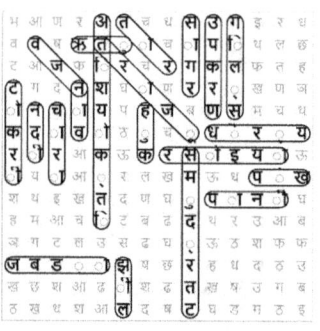

45 - Regenwald

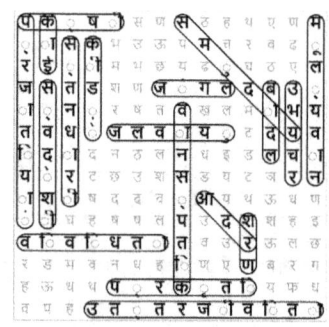

46 - Essen #2

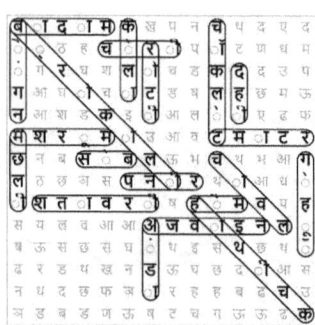

47 - Familie

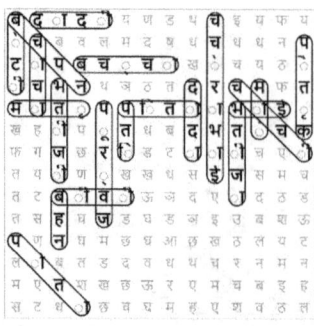

48 - Pflanzen

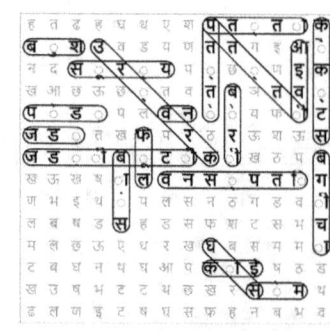

49 - Kunst

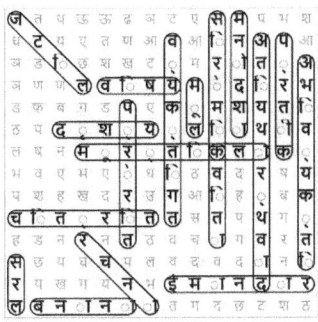

50 - Gewürze

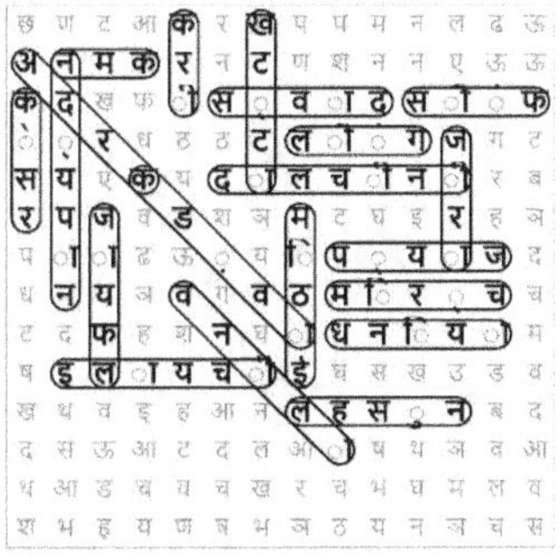

51 - Gemüse

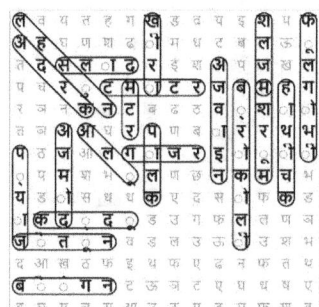

52 - Katzen

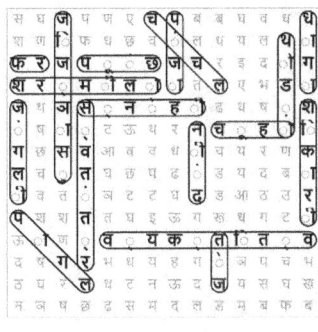

53 - Tanzen

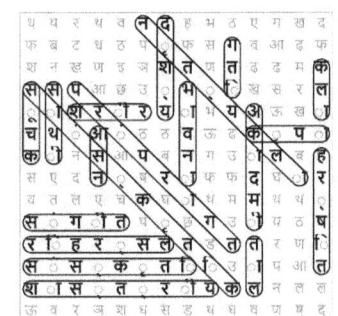

54 - Ernährung

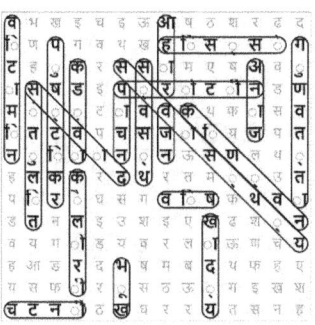

55 - Technologie

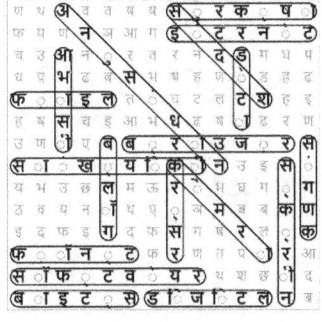

56 - Wasser

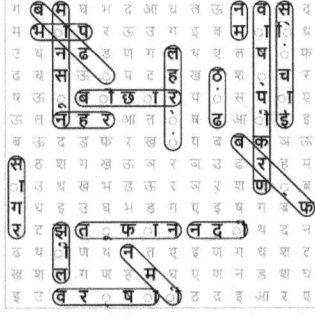

57 - Science Fiction

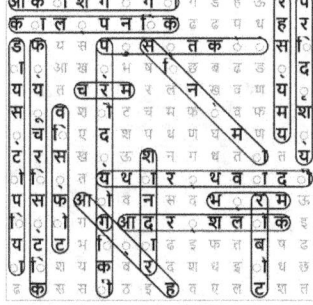

58 - Haustiere

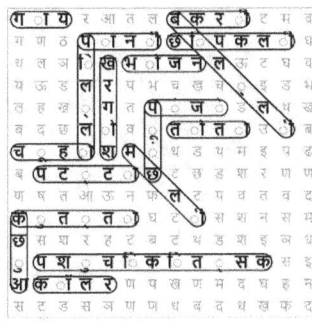

59 - Geburtstag

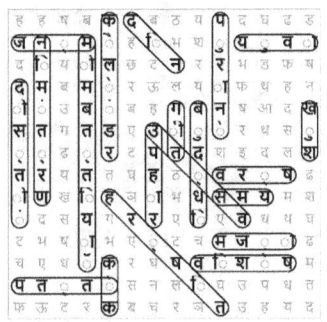

60 - Literatur

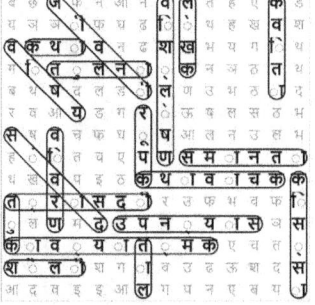

61 - Wandern

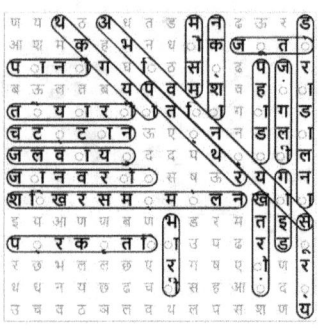

62 - Länder #2

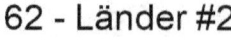

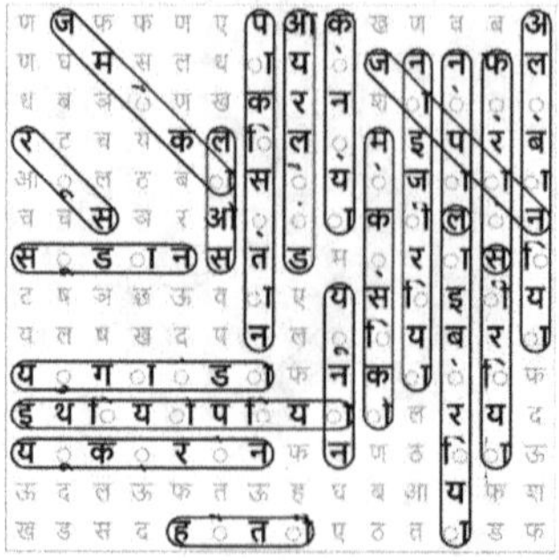

63 - Fahrzeuge

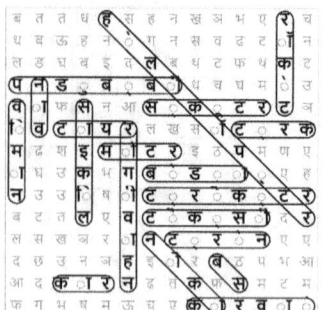

64 - Badezimmer

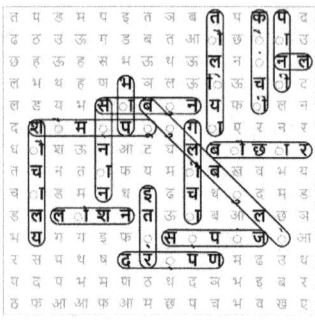

65 - Musikinstrumente

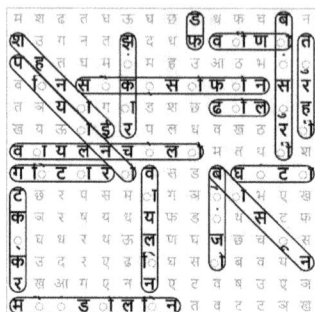

66 - Blumen

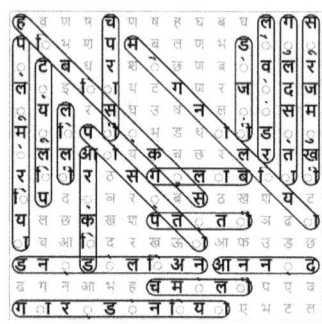

67 - Natur

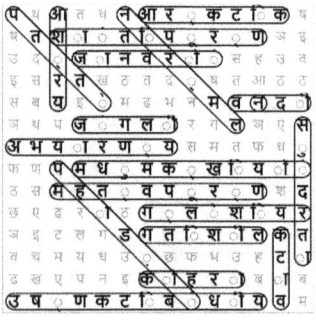

68 - Theater

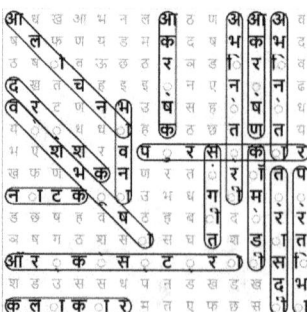

69 - Urlaub #2

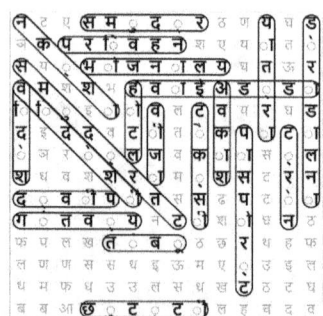

70 - Zirkus

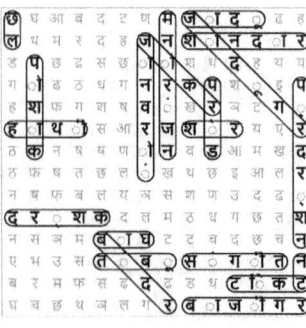

71 - Barbecues

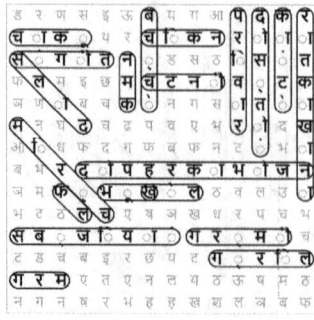

72 - Küche

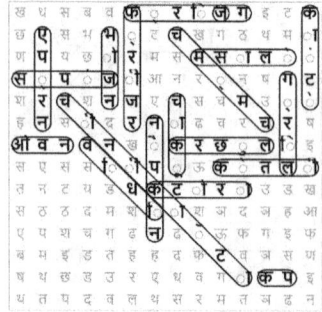

73 - Schach

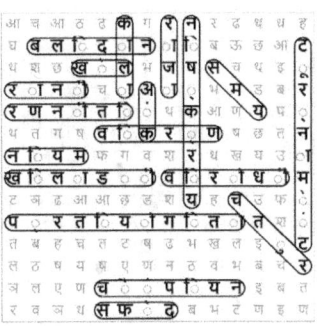

74 - Geographie

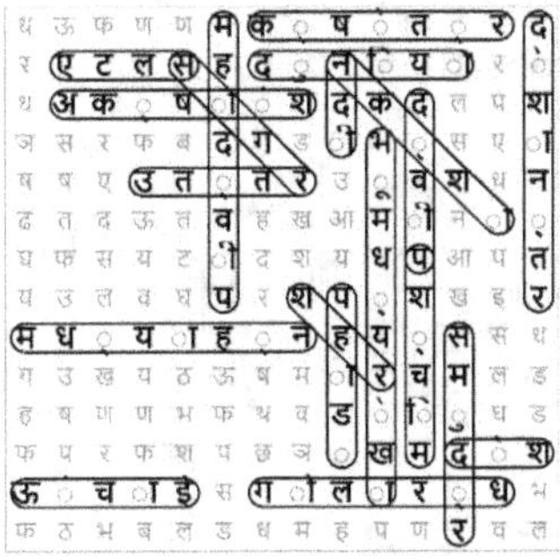

75 - Zahlen

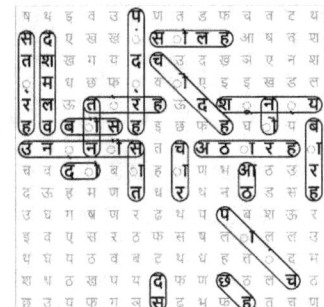

76 - Kunst Liefert

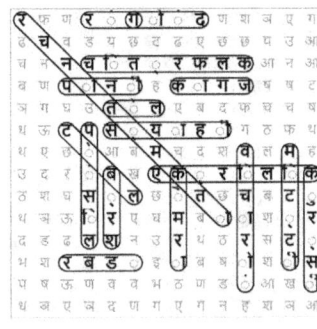

77 - Tage und Monate

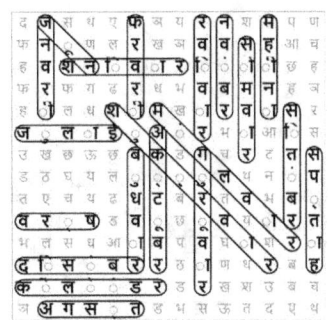

78 - Piraten

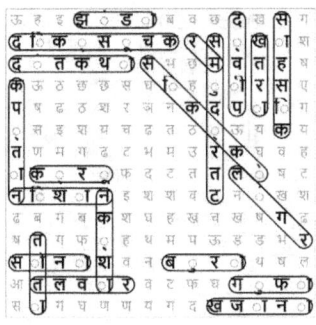

79 - Emotionen

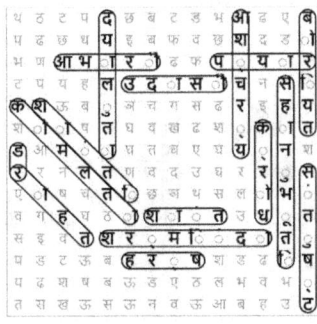

80 - Zu Füllen

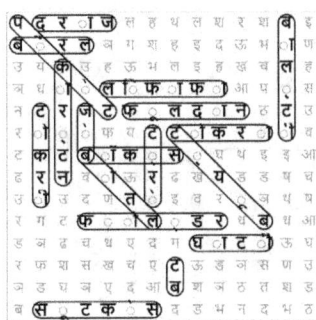

81 - Surfen

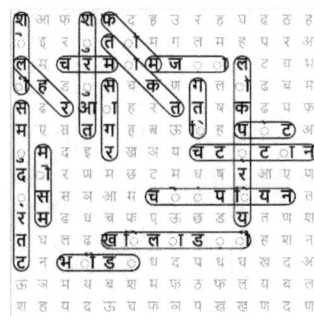

82 - Kräuterkunde

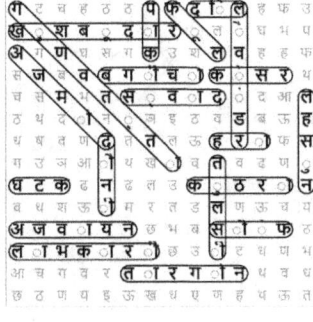

83 - Tugenden #1

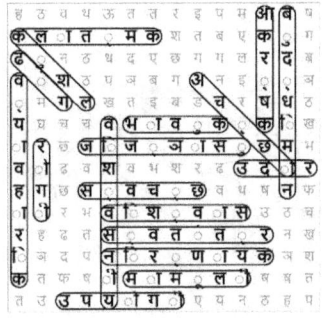

84 - Aktivitäten und Freizeit

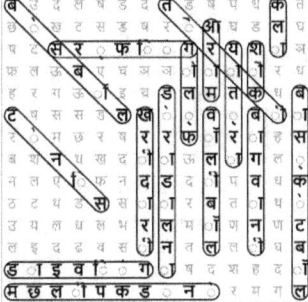

85 - Formen

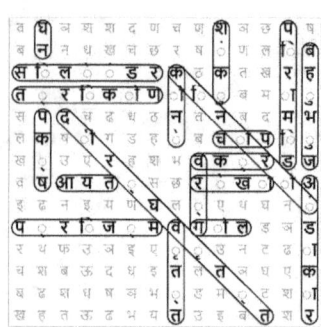

86 - Adjektive #2

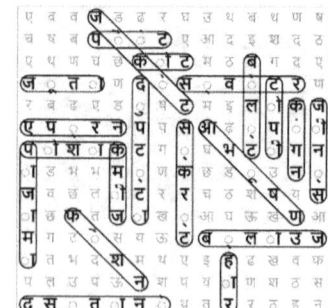

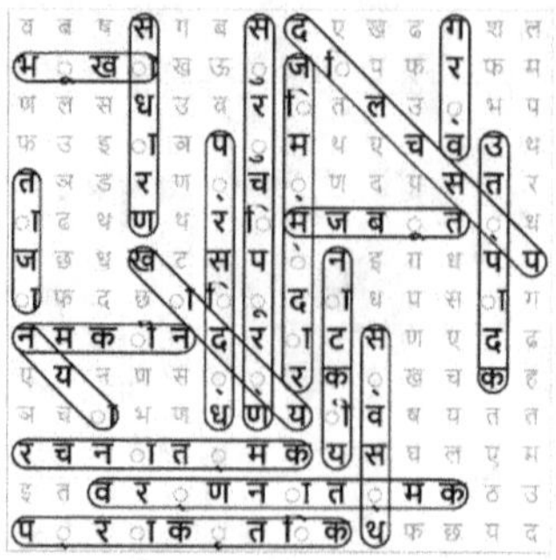

87 - Kleidung

88 - Sommer

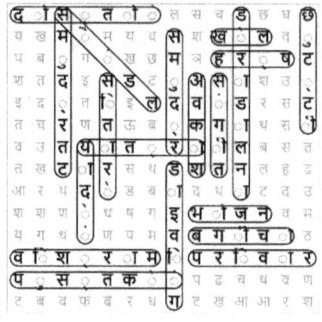

89 - Haus

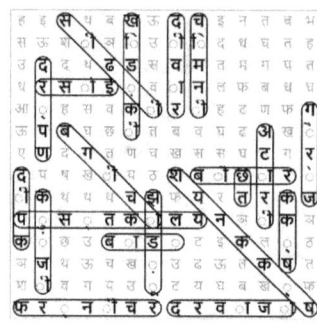

90 - Bauernhof #1

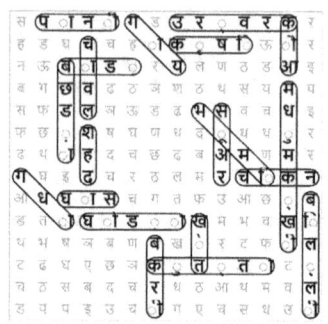

91 - Berufe #1

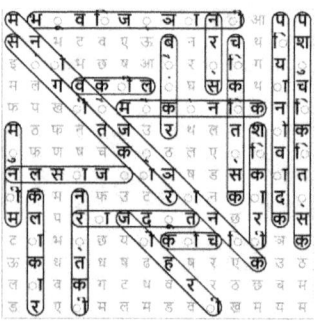

92 - Adjektive #1

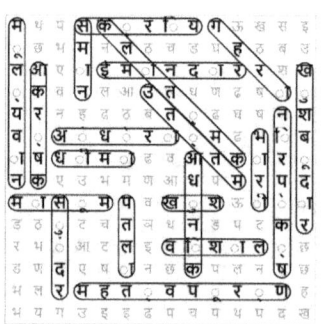

93 - Mathematik

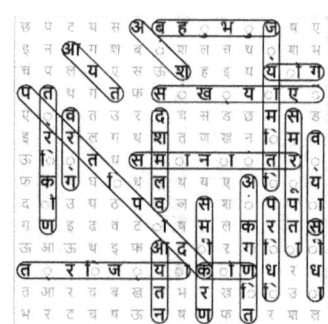

94 - Messungen

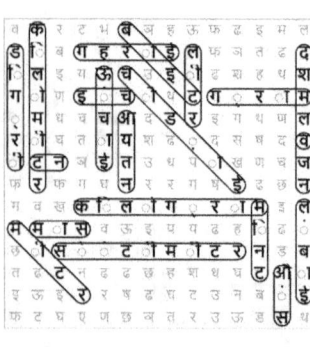

95 - Schlösser

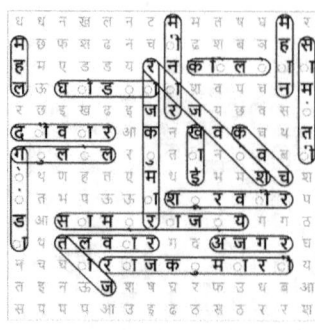

96 - Bauernhof #2

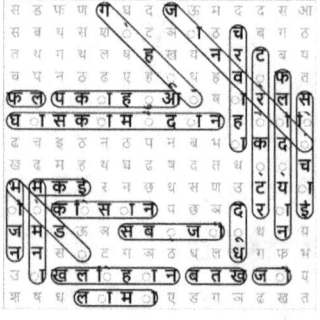

97 - Berufe #2

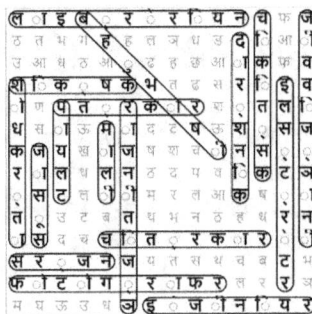

98 - Freundlichkeit

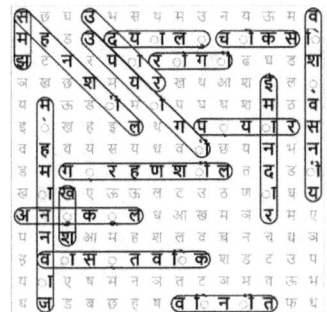

99 - Erforschung

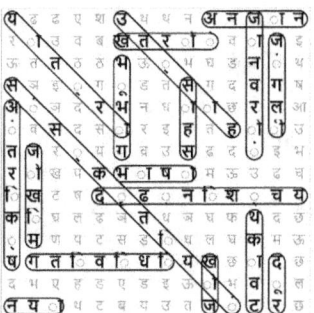

100 - Wetter

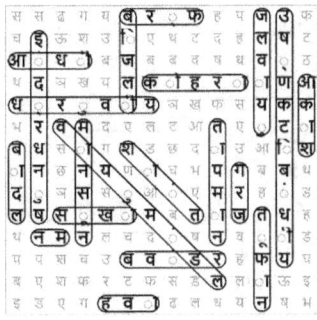

Wörterbuch

Abenteuer
साहसकि कार्य

Aktivität	गतविधि
Ausflug	भ्रमण
Begeisterung	उत्साह
Chance	मौका
Freude	हर्ष
Freunde	दोस्तों
Gefährlich	खतरनाक
Gelegenheit	अवसर
Natur	प्रकृति
Navigation	पथ प्रदर्शन
Neu	नया
Reisen	यात्रा
Schönheit	सुंदरता
Schwierigkeit	कठनिाई
Sicherheit	सुरक्षा
Tapferkeit	वीरता
Ungewöhnlich	असामान्य
Vorbereitung	तैयारी
Ziel	गंतव्य

Adjektive #1
वशिषण #1

Absolut	नरिपेक्ष
Aktiv	सक्रयि
Aromatisch	खुशबूदार
Attraktiv	आकर्षक
Dunkel	अंधेरा
Dünn	पतला
Ehrlich	ईमानदार
Glücklich	खुश
Identisch	समान
Künstlerisch	कलात्मक
Langsam	धीमा
Modern	आधुनकि
Perfekt	उत्तम
Riesig	वशिाल
Schön	सुंदर
Schwer	भारी
Tief	गहरा
Unschuldig	मासूम
Wertvoll	मूल्यवान
Wichtig	महत्वपूर्ण

Adjektive #2
वशिषण #2

Authentisch	वश्विसनीय
Berühmt	प्रसद्धि
Beschreibend	वर्णनात्मक
Dramatisch	नाटकीय
Elegant	सुरुचपूिर्ण
Essbar	खाद्य
Frisch	ताजा
Gesund	स्वस्थ
Hungrig	भूखा
Interessant	दलिचस्प
Kreativ	रचनात्मक
Natürlich	प्राकृतकि
Neu	नया
Normal	साधारण
Produktiv	उत्पादक
Salzig	नमकीन
Stark	मजबूत
Stolz	गर्व
Verantwortlich	जम्मिेदार
Wild	जंगली

Aktivitäten
गतविधियिाँ

Aktivität	गतविधि
Angeln	मछली पकड़ने
Camping	डेरा डालना
Entspannung	वश्रिाम
Fähigkeit	कौशल
Fotografie	फोटोग्राफी
Freizeit	अवकाश
Gartenarbeit	बागवानी
Gemälde	चत्रिकारी
Interessen	हतिों
Jagd	शकिार करना
Kunst	कला
Kunsthandwerk	शल्पि
Lesen	पढ़ना
Magie	जादू
Nähen	सलिाई
Spiele	खेल
Stricken	बुनाई
Tanzen	नृत्य
Vergnügen	आनंद

Aktivitäten und Freizeit
गतविधियिाँ और अवकाश

Angeln	मछली पकड़ने
Baseball	बेसबॉल
Basketball	बास्केटबॉल
Boxen	मुक्केबाजी
Camping	डेरा डालना
Einkaufen	खरीदारी
Entspannend	आराम
Gartenarbeit	बागवानी
Gemälde	चत्रिकारी
Golf	गोल्फ
Hobbies	शौक
Kunst	कला
Reise	यात्रा
Schwimmen	तैराकी
Surfen	सर्फगि
Tauchen	डाइवगि
Tennis	टेनसि
Volleyball	वॉलीबॉल

Angeln
फशिगि

Ausrüstung	उपकरण
Boot	नाव
Draht	तार
Flossen	पंख
Fluss	नदी
Geduld	धैर्य
Gewicht	वजन
Haken	हुक
Jahreszeit	ऋतु
Kiefer	जबड़ा
Kiemen	गल्सि
Kochen	रसोइया
Korb	टोकरी
Köder	चारा
Ozean	सागर
See	झील
Strand	समुद्र तट
Übertreibung	अतशियोक्ति
Waage	तराजू
Wasser	पानी

Antarktis
अंटार्कटिका

Bucht	बे
Eis	बर्फ
Erhaltung	संरक्षण
Expedition	अभियान
Felsig	पथरीला
Forscher	शोधकर्ता
Geographie	भूगोल
Gletscher	हिमनद
Halbinsel	प्रायद्वीप
Kontinent	महाद्वीप
Migration	प्रवास
Mineralien	खनिज
Temperatur	तापमान
Topographie	स्थलाकृति
Umwelt	पर्यावरण
Vögel	पक्षी
Wasser	पानी
Wetter	मौसम
Wind	हवाओं
Wissenschaftlich	वैज्ञानिक

Astronomie
खगोल विद्या

Asteroid	क्षुद्रग्रह
Astronom	खगोल विज्ञानी
Erde	पृथ्वी
Galaxie	आकाशगंगा
Himmel	आकाश
Konstellation	नक्षत्र
Kosmos	ब्रह्मांड
Meteor	उल्का
Mond	चाँद
Nebel	निहारिका
Observatorium	वेधशाला
Planet	ग्रह
Rakete	रॉकेट
Satellit	उपग्रह
Sonne	सूर्य
Stern	तारा
Supernova	सुपरनोवा
Teleskop	दूरबीन
Tierkreis	राशि
Universum	संसार

Badezimmer
स्नानघर

Bad	स्नान
Blasen	बुलबुले
Dampf	भाप
Dusche	बौछार
Handtuch	तौलिया
Lotion	लोशन
Parfüm	इत्र
Schere	कैंची
Schwamm	स्पंज
Seife	साबुन
Shampoo	शैम्पू
Spiegel	दर्पण
Teppich	गलीचा
Toilette	शौचालय
Wasser	पानी
Wasserhahn	नल

Ballett
बैले

Anmutig	सुंदर
Applaus	वाहवाही
Ausdrucksvoll	सूचक
Ballerina	बैले
Choreographie	नृत्यकला
Fähigkeit	कौशल
Geste	इशारा
Intensität	तीव्रता
Komponist	संगीतकार
Künstlerisch	कलात्मक
Musik	संगीत
Muskel	मांसपेशियों
Orchester	ऑर्केस्ट्रा
Probe	रिहर्सल
Publikum	दर्शक
Rhythmus	ताल
Solo	एकल
Stil	शैली
Tänzer	नर्तकियों
Technik	तकनीक

Barbecues
बारबेक्यू

Abendessen	रात का खाना
Familie	परिवार
Freunde	दोस्तों
Frucht	फल
Gabeln	कांटे
Gemüse	सब्जियां
Grill	ग्रिल
Heiss	गरम
Huhn	चिकन
Hunger	भूख
Kinder	बच्चे
Messer	चाकू
Mittagessen	दोपहर का भोजन
Musik	संगीत
Pfeffer	मिर्च
Salate	सलाद
Salz	नमक
Sommer	गर्मी
Sosse	चटनी
Spiele	खेल

Bauernhof #1
फार्म #1

Biene	मधुमक्खी
Dünger	उर्वरक
Esel	गधा
Feld	खेत
Heu	घास
Honig	शहद
Huhn	चिकन
Hund	कुत्ता
Kalb	बछड़ा
Katze	बिल्ली
Krähe	कौआ
Kuh	गाय
Land	भूमि
Landwirtschaft	कृषि
Pferd	घोड़ा
Reis	चावल
Schwein	सूअर
Wasser	पानी
Zaun	बाड़
Ziege	बकरी

Bauernhof #2
फार्म #2

Bauer	किसान
Bewässerung	सिंचाई
Ente	बतख
Essen	भोजन
Frucht	फल
Gemüse	सब्जी
Gerste	जौ
Lama	लामा
Lamm	मेमना
Mais	मकई
Milch	दूध
Obstgarten	फलोद्यान
Reif	पका हुआ
Schaf	भेड़
Schäfer	चरवाहा
Scheune	खलिहान
Tiere	जानवरों
Traktor	ट्रैक्टर
Weizen	गेहूँ
Wiese	घास का मैदान

Berufe #1
व्यवसाय #1

Arzt	चिकित्सक
Astronom	खगोल विज्ञानी
Bankier	बैंकर
Botschafter	राजदूत
Buchhalter	मुनीम
Geologe	भूविज्ञानी
Jäger	शिकारी
Juwelier	जौहरी
Kartograph	मानचित्रकार
Klempner	नलसाज़
Krankenschwester	नर्स
Künstler	कलाकार
Mechaniker	मैकेनिक
Musiker	संगीतकार
Pianist	पियानोवादक
Psychologe	मनोवैज्ञानिक
Rechtsanwalt	वकील
Tänzer	नर्तकी
Tierarzt	पशु चिकित्सक
Trainer	कोच

Berufe #2
व्यवसाय #2

Arzt	चिकित्सक
Bibliothekar	लाइब्रेरियन
Biologe	जीवविज्ञानी
Chirurg	सर्जन
Detektiv	जासूस
Erfinder	आविष्कारक
Forscher	शोधकर्ता
Fotograf	फोटोग्राफर
Gärtner	माली
Illustrator	इलस्ट्रेटर
Ingenieur	इंजीनियर
Journalist	पत्रकार
Lehrer	शिक्षक
Linguist	बहुभाषी
Maler	चित्रकार
Philosoph	दार्शनिक
Pilot	पायलट
Politiker	राजनीतिज्ञ
Zahnarzt	दंत चिकित्सक
Zoologe	जूलॉजिस्ट

Bienen
मधुमक्खियों

Bestäuber	परागणक
Bienenkorb	छत्ता
Blumen	फूल
Blüte	खिलना
Essen	भोजन
Flügel	पंख
Frucht	फल
Garten	बगीचा
Honig	शहद
Insekt	कीट
Königin	रानी
Pflanzen	पौधे
Pollen	पराग
Rauch	धुआँ
Schwarm	झुंड
Sonne	सूर्य
Vielfalt	विविधता
Vorteilhaft	लाभकारी
Wachs	मोम

Bildende Kunst
दृश्य कला

Architektur	वास्तुकला
Bleistift	पेंसिल
Film	फिल्म
Foto	तस्वीर
Gemälde	चित्रकारी
Kreativität	रचनात्मकता
Kreide	चाक
Künstler	कलाकार
Lack	वार्निश
Meisterwerk	कृति
Perspektive	परिप्रेक्ष्य
Porträt	चित्र
Schablone	स्टैंसिल
Skulptur	मूर्तिकला
Staffelei	चित्रफलक
Stift	कलम
Ton	मिट्टी
Wachs	मोम
Zusammensetzung	रचना

Blumen
फूल

Blütenblatt	पत्ती
Gardenie	गार्डेनिया
Gänseblümchen	डेज़ी
Hibiskus	हिबिस्कुस
Jasmin	चमेली
Klee	आनन्द
Lavendel	लैवेंडर
Lilie	लिली
Löwenzahn	डन्डेलिअन
Magnolie	मैगनोलिया
Mohn	पोस्ता
Orchidee	आर्किड
Pfingstrose	चपरासी
Plumeria	प्लूमेरिया
Rose	गुलाब
Sonnenblume	सूरजमुखी
Strauss	गुलदस्ता
Tulpe	ट्यूलिप

Boote
नौकाएँ

Anker	लंगर
Boje	बोया
Crew	क्रू
Dock	गोदी
Floss	बेड़ा
Fluss	नदी
Kajak	कश्ती
Kanu	डोंगी
Mast	मस्तूल
Meer	समुद्र
Motor	इंजन
Nautisch	समुद्री
Ozean	सागर
See	झील
Seemann	नाविक
Segelboot	सेलबोट
Seil	रस्सी
Tide	ज्वार
Wellen	लहरें
Yacht	नौका

Bücher
पुस्तकें

Abenteuer	साहसिक
Autor	लेखक
Dualität	द्वंद्व
Episch	महाकाव्य
Erfinderisch	आविष्कारशील
Erzähler	कथावाचक
Gedicht	कविता
Geschichte	कहानी
Geschrieben	लिखित
Historisch	ऐतिहासिक
Humorvoll	विनोदी
Kollektion	संग्रह
Kontext	संदर्भ
Leser	पाठक
Literarisch	साहित्यिक
Relevant	प्रासंगिक
Roman	उपन्यास
Seite	पृष्ठ
Serie	शृंखला
Tragisch	दुखद

Camping
कैम्पिंग

Abenteuer	साहसिक
Berg	पहाड़
Feuer	आग
Hängematte	झूला
Hut	टोपी
Insekt	कीट
Jagd	शिकार करना
Kabine	केबिन
Kanu	डोंगी
Karte	नक्शा
Kompass	दिक्सूचक
Laterne	लालटेन
Mond	चाँद
Natur	प्रकृति
See	झील
Seil	रस्सी
Spass	मज़ा
Tiere	जानवरों
Wald	वन
Zelt	तंबू

Dinosaurier
डायनासोर

Allesfresser	सर्वभक्षी
Art	प्रजातियां
Beute	शिकार
Bösartig	शातिर
Erde	पृथ्वी
Evolution	विकास
Fleischfresser	मांसाहारी
Flügel	पंख
Fossilien	जीवाश्म
Gross	बड़ा
Grösse	आकार
Leistungsstark	शक्तिशाली
Mammut	विशाल
Pflanzenfresser	शाकाहारी
Prähistorisch	प्रागैतिहासिक
Raubvogel	रैप्टर
Reptil	सरीसृप
Schwanz	पूंछ
Verschwinden	अंतर्धान

Emotionen
भावनाएँ

Angst	डर
Beschämt	शर्मिंदा
Dankbar	आभारी
Freude	हर्ष
Freundlichkeit	दयालुता
Frieden	शांति
Langeweile	बोरियत
Liebe	प्यार
Relief	राहत
Ruhig	शांत
Sympathie	सहानुभूति
Traurigkeit	उदासी
Überraschen	आश्चर्य
Wut	क्रोध
Zärtlichkeit	कोमलता
Zufrieden	संतुष्ट

Erforschung
अन्वेषण

Aktivität	गतिविधि
Aufregung	उत्साह
Entdeckung	खोज
Entschlossenheit	दृढ़ निश्चय
Erschöpfung	थकावट
Fern	दूर
Gefahren	खतरों
Gefährlich	जोखिम
Gelände	भूभाग
Kulturen	संस्कृतियों
Mut	साहस
Neu	नया
Raum	अंतरिक्ष
Reise	यात्रा
Sprache	भाषा
Tiere	जानवरों
Unbekannt	अनजान
Wild	जंगली

Ernährung
पोषाहार

Appetit	भूख
Ausgewogen	संतुलति
Bitter	कड़वा
Diät	आहार
Essbar	खाद्य
Fermentation	कण्वन
Geschmack	स्वाद
Gesund	स्वस्थ
Gesundheit	स्वास्थ्य
Getreide	अनाज
Gewicht	वजन
Kalorien	कैलोरी
Nährstoff	पुष्टकिर
Portion	हस्सि
Proteine	प्रोटीन
Qualität	गुणवत्ता
Sosse	चटनी
Toxin	वषि
Verdauung	पाचन
Vitamin	वटिामनि

Essen #1
खाना #1

Basilikum	तुलसी
Birne	नाशपाती
Erdbeere	स्ट्रॉबेरी
Erdnuss	मूंगफली
Fleisch	मांस
Kaffee	कॉफ़ी
Karotte	गाजर
Knoblauch	लहसुन
Milch	दूध
Rübe	शलजम
Saft	रस
Salat	सलाद
Salz	नमक
Spinat	पालक
Suppe	सूप
Thunfisch	टूना
Zimt	दालचीनी
Zitrone	नींबू
Zucker	चीनी
Zwiebel	प्याज

Essen #2
खाना #2

Apfel	सेब
Artischocke	हाथी चक
Aubergine	बैंगन
Banane	केला
Brokkoli	ब्रोकोली
Brot	रोटी
Ei	अंडा
Fisch	मछली
Joghurt	दही
Käse	पनीर
Kirsche	चेरी
Mandel	बादाम
Pilz	मशरूम
Reis	चावल
Schinken	हैम
Schokolade	चॉकलेट
Sellerie	अजवाइन
Spargel	शतावरी
Tomate	टमाटर
Weizen	गेहूँ

Fahren
ड्राइवगि

Auto	कार
Bremsen	ब्रेक
Brennstoff	ईंधन
Bus	बस
Garage	गैरेज
Gas	गैस
Gefahr	खतरा
Geschwindigkeit	गति
Karte	नक्शा
Lizenz	लाइसेंस
Lkw	ट्रक
Motor	मोटर
Motorrad	मोटरसाइकलि
Polizei	पुलसि
Sicherheit	सुरक्षा
Transport	परविहन
Tunnel	सुरंग
Unfall	दुर्घटना
Verkehr	यातायात
Vorsicht	सावधानी

Fahrzeuge
वाहन

Auto	कार
Boot	नाव
Bus	बस
Fahrrad	साइकलि
Fähre	नौका
Floss	बेड़ा
Flugzeug	वमिान
Hubschrauber	हेलीकॉप्टर
Krankenwagen	रोगी वाहन
Lkw	ट्रक
Motor	मोटर
Rakete	रॉकेट
Reifen	टायर
Roller	स्कूटर
Taxi	टैक्सी
Traktor	ट्रैक्टर
U-Bahn	भूमगित मार्ग
U-Boot	पनडुब्बी
Wohnwagen	कारवां
Zug	ट्रेन

Familie
परविार

Bruder	भाई
Ehefrau	बीवी
Ehemann	पति
Enkel	पोता
Grossmutter	दादी
Grossvater	दादा
Kind	बच्चा
Kindheit	बचपन
Mutter	मां
Mütterlich	मातृ
Neffe	भतीजा
Nichte	भतीजी
Onkel	चाचा
Schwester	बहन
Tante	चाची
Tochter	बेटी
Vater	पिता
Väterlich	पैतृक
Vetter	चचेरा भाई
Vorfahr	पूर्वज

Flugzeuge
हवाई जहाज

Abenteuer	साहसकि
Abstieg	वंश
Atmosphäre	वायुमंडल
Ballon	गुब्बारा
Brennstoff	ईंधन
Crew	क्रू
Design	डिजाइन
Geschichte	इतहिास
Himmel	आकाश
Höhe	ऊंचाई
Konstruktion	नर्िमाण
Luft	वायु
Motor	इंजन
Navigieren	नेवगिट
Passagier	यात्री
Pilot	पायलट
Richtung	दशिा
Turbulenz	अशांत
Wasserstoff	हाइड्रोजन
Wetter	मौसम

Formen
आकृतयिाँ

Bogen	चाप
Dreieck	त्रकिोण
Ecke	कोने
Ellipse	दीर्घवृत्त
Kanten	कनिारों
Kegel	शंकु
Kreis	वृत्त
Kurve	वक्र
Linie	रेखा
Oval	अंडाकार
Polygon	बहुभुज
Prisma	प्रज्मि
Pyramide	परिामडि
Quadrat	वर्ग
Rechteck	आयत
Rund	गोल
Seite	पक्ष
Würfel	घन
Zylinder	सलिंडर

Freundlichkeit
दयालुता

Aufmerksam	चौकस
Echt	वास्तवकि
Ehrlich	ईमानदार
Empfänglich	ग्रहणशील
Freundlich	अनुकूल
Gastfreundlich	मेहमाननवाज
Geduldig	रोगी
Glücklich	खुश
Grosszügig	उदार
Hilfreich	उपयोगी
Liebevoll	प्यार
Mitleidig	दयालु
Respektvoll	वनिीत
Tolerant	सहनशील
Verständnis	समझ
Zuverlässig	वश्विसनीय

Garten
बगीचा

Bank	बेंच
Baum	पेड़
Blume	फूल
Busch	बुश
Garage	गैरेज
Garten	बगीचा
Gras	घास
Hängematte	झूला
Obstgarten	फलोद्यान
Rasen	लॉन
Rechen	रेक
Schaufel	फावड़ा
Schlauch	नली
Teich	तालाब
Terrasse	छत
Trampolin	ट्रेम्पोलनि
Unkraut	मातम
Veranda	बरामदा
Zaun	बाड़

Gebäude
इमारतें

Bauernhof	खेत
Botschaft	दूतावास
Fabrik	फैक्टरी
Garage	गैरेज
Herberge	छात्रावास
Hotel	होटल
Kabine	केबनि
Kino	सनिमा
Krankenhaus	अस्पताल
Labor	प्रयोगशाला
Museum	संग्रहालय
Observatorium	वेधशाला
Scheune	खलहिान
Schule	स्कूल
Stadion	स्टेडियिम
Supermarkt	सुपरमार्केट
Theater	थएिटर
Turm	मीनार
Universität	वश्विवद्यालय
Zelt	तंबू

Geburtstag
जन्मदनि

Älter	पुराने
Einladungen	नमिंत्रण
Feier	उत्सव
Freudig	हर्षति
Freunde	दोस्तों
Geboren	जन्म
Geschenk	उपहार
Glücklich	खुश
Jahr	वर्ष
Jung	युवा
Kalender	कैलेंडर
Karten	पत्ते
Kerzen	मोमबत्तयिाँ
Kuchen	केक
Lied	गीत
Spass	मज़ा
Spezial	वशिष
Tag	दनि
Weisheit	बुद्धि
Zeit	समय

Gemüse
सब्जियां

Artischocke	हाथी चक
Aubergine	बैंगन
Blumenkohl	फूलगोभी
Brokkoli	ब्रोकोली
Erbse	मटर
Gurke	खीरा
Ingwer	अदरक
Karotte	गाजर
Kartoffel	आलू
Knoblauch	लहसुन
Kürbis	कद्दू
Olive	जैतून
Petersilie	अजमोद
Pilz	मशरूम
Rübe	शलजम
Salat	सलाद
Sellerie	अजवाइन
Spinat	पालक
Tomate	टमाटर
Zwiebel	प्याज

Geographie
भूगोल

Atlas	एटलस
Äquator	भूमध्य रेखा
Berg	पहाड़
Breite	अक्षांश
Fluss	नदी
Hemisphäre	गोलार्ध
Höhe	ऊंचाई
Insel	द्वीप
Karte	नक्शा
Kontinent	महाद्वीप
Land	देश
Längengrad	देशान्तर
Meer	समुद्र
Meridian	मध्याह्न
Norden	उत्तर
Ozean	सागर
Region	क्षेत्र
Stadt	शहर
Welt	दुनिया
West	पश्चिम

Geologie
भूविज्ञान

Erdbeben	भूकंप
Erosion	कटाव
Fossil	जीवाश्म
Geschmolzen	पिघला हुआ
Höhle	गुफा
Kalzium	कैल्शियम
Kontinent	महाद्वीप
Koralle	मूंगा
Kristalle	क्रिस्टल
Lava	लावा
Mineralien	खनिज
Plateau	पठार
Quarz	क्वार्ट्ज
Salz	नमक
Säure	एसिड
Stalaktit	स्टैलेक्टाइट
Stein	पत्थर
Vulkan	ज्वालामुखी
Zone	क्षेत्र
Zyklen	चक्र

Gewürze
मसाले

Bitter	कड़वा
Curry	करी
Fenchel	सौंफ
Geschmack	स्वाद
Ingwer	अदरक
Kardamom	इलायची
Knoblauch	लहसुन
Koriander	धनिया
Kreuzkümmel	जीरा
Lakritze	नद्यपान
Muskatnuss	जायफल
Nelke	लौंग
Pfeffer	मिर्च
Safran	केसर
Salz	नमक
Sauer	खट्टा
Süss	मिठाई
Vanille	वनीला
Zimt	दालचीनी
Zwiebel	प्याज

Haartypen
बालों के प्रकार

Blond	गोरा
Braun	भूरा
Dick	मोटा
Dünn	पतला
Farbig	रंगीन
Geflochten	लट
Gesund	स्वस्थ
Glänzend	चमकदार
Grau	धूसर
Kahl	गंजा
Kurz	कम
Lang	लंबा
Locken	कर्ल
Lockig	घुंघराले
Schwarz	काला
Silber	चाँदी
Trocken	सूखा
Weich	नरम
Weiss	सफेद
Wellig	लहराती

Haus
हाउस

Besen	झाड़ू
Bibliothek	पुस्तकालय
Dach	छत
Dachboden	अटारी
Dusche	बौछार
Fenster	खिड़की
Garage	गैरेज
Garten	बगीचा
Kamin	चिमिनी
Küche	रसोई
Lampe	दीपक
Möbel	फर्नीचर
Schlafzimmer	शयनकक्ष
Schlüssel	कुंजी
Spiegel	दर्पण
Treppe	सीढ़ी
Tür	दरवाजा
Wand	दीवार
Zaun	बाड़
Zimmer	कक्ष

Haustiere
पालतू जानवर

Eidechse	छिपकली
Essen	भोजन
Fisch	मछली
Hase	खरगोश
Hund	कुत्ता
Katze	बलि्ली
Kragen	कॉलर
Krallen	पंजे
Kuh	गाय
Leine	पट्टा
Maus	चूहा
Papagei	तोता
Schildkröte	कछुआ
Schwanz	पूंछ
Tierarzt	पशु चकित्सिक
Wasser	पानी
Welpe	पल्लिा
Ziege	बकरी

Insekten
कीड़े

Ameise	चींटी
Biene	मधुमक्खी
Blattlaus	एफडि
Floh	पस्सिू
Heuschrecke	टड्डिी
Kakerlake	तलिचट्टा
Käfer	भृंग
Larve	लार्वा
Libelle	ड्रैगनफ्लाई
Marienkäfer	भडिी
Motte	कीट
Mücke	मच्छर
Schmetterling	ततिली
Termite	दीमक
Wespe	ततैया
Wurm	कीड़ा
Zikade	सकिाडा

Katzen
बलि्ली की

Fell	फर
Garn	धागा
Jäger	शकिारी
Liebevoll	स्नेही
Maus	चूहा
Neugierig	जज्ञिासु
Persönlichkeit	व्यक्तत्वि
Pfote	पंजा
Schlafen	नींद
Schnell	तेज
Schüchtern	शर्मीला
Schwanz	पूंछ
Unabhängig	स्वतंत्र
Verrückt	पागल
Verspielt	चंचल
Wenig	थोड़ा
Wild	जंगली

Kleidung
कपडे

Armband	कंगन
Bluse	ब्लाउज
Gürtel	बेल्ट
Halskette	हार
Handschuhe	दस्ताने
Hemd	कमीज
Hose	पैंट
Hut	टोपी
Jacke	जैकेट
Jeans	जीन्स
Kleid	पोशाक
Mantel	कोट
Mode	फैशन
Pullover	स्वेटर
Rock	स्कर्ट
Schal	दुपट्टा
Schlafanzug	पाजामा
Schmuck	आभूषण
Schuh	जूता
Schürze	एप्रन

Klettern
क्लाइम्बगि

Atmosphäre	वायुमंडल
Ausbildung	प्रशक्षिण
Experte	वशिषज्ञ
Führer	गाइड
Gelände	भूभाग
Handschuhe	दस्ताने
Helm	हेलमेट
Höhe	ऊंचाई
Höhle	गुफा
Karte	नक्शा
Neugier	जज्ञिासा
Physisch	शारीरकि
Schmal	संकीर्ण
Stabilität	स्थरिता
Stärke	ताकत
Stiefel	जूते
Verletzung	चोट

Komödie
कॉमेडी

Applaus	वाहवाही
Ausdrucksvoll	सूचक
Clowns	जोकर
Fernsehen	टेलीवजिन
Genre	शैली
Humor	हास्य
Improvisation	कामचलाऊ
Klug	चतुर
Lachen	हँसी
Parodie	पैरोडी
Publikum	दर्शक
Schauspieler	अभनिता
Schauspielerin	अभनित्री
Spass	मज़ा
Theater	थएिटर
Witze	चुटकुले

Kräuterkunde
हर्बलज्मि

Aromatisch	खुशबूदार
Basilikum	तुलसी
Blume	फूल
Dill	दलि
Estragon	तारगोन
Fenchel	सौंफ
Garten	बगीचा
Geschmack	स्वाद
Grün	हरा
Knoblauch	लहसुन
Kulinarisch	पाक
Lavendel	लैवेंडर
Majoran	कुठरा
Petersilie	अजमोद
Qualität	गुणवत्ता
Rosmarin	दौनी
Safran	केसर
Thymian	अजवायन
Vorteilhaft	लाभकारी
Zutat	घटक

Kunst
कला

Ausdruck	अभव्यिक्ति
Ehrlich	ईमानदार
Einfach	सरल
Gegenstand	वषिय
Inspiriert	प्रेरति
Keramik	सरिमकि
Komplex	जटलि
Original	मूल
Persönlich	व्यक्तगित
Poesie	कवति
Porträtieren	चत्रिति
Schaffen	बनाना
Skulptur	मूर्तकिला
Stimmung	मनोदशा
Surrealismus	अतयिथार्थवाद
Symbol	प्रतीक
Visuell	दृश्य
Zusammensetzu ng	रचना

Kunst Liefert
कला की आपूर्ति

Acryl	एक्रलिकि
Bleistifte	पेंसलि
Bürsten	ब्रश
Farben	रंग
Ideen	वचिारों
Kamera	कैमरा
Kreativität	रचनात्मकता
Leim	गोंद
Öl	तेल
Papier	कागज
Radiergummi	रबड़
Staffelei	चत्रिफलक
Stuhl	कुर्सी
Tabelle	टेबल
Tinte	स्याही
Ton	मट्टिी
Wasser	पानी

Küche
कचिन

Essen	भोजन
Essstäbchen	चीनी काँटा
Gabeln	कांटे
Gefrierschrank	फ्रीजर
Gewürze	मसाले
Grill	ग्रलि
Kelle	करछुल
Krug	जग
Kühlschrank	फ्रजि
Löffel	चम्मच
Messer	चाकू
Ofen	ओवन
Rezept	वधिि
Schürze	एप्रन
Schüssel	कटोरा
Schwamm	स्पंज
Serviette	नैपकनि
Tassen	कप
Wasserkocher	केतली

Landschaften
लैंडस्केप

Berg	पहाड़
Eisberg	हमिखंड
Fluss	नदी
Gletscher	ग्लेशयिर
Golf	खाड़ी
Halbinsel	प्रायद्वीप
Höhle	गुफा
Hügel	पहाड़ी
Insel	द्वीप
Lagune	लैगून
Meer	समुद्र
Oase	मरूद्यान
See	झील
Strand	समुद्र तट
Sumpf	दलदल
Tal	घाटी
Tundra	टुंड्रा
Vulkan	ज्वालामुखी
Wasserfall	झरना
Wüste	रेगस्तिान

Länder #2
देशों #2

Albanien	अल्बानयिा
Äthiopien	इथयिोपयिा
Frankreich	फ्रांस
Griechenland	यूनान
Haiti	हैती
Irland	आयरलैंड
Jamaika	जमैका
Japan	जापान
Kenia	केन्या
Laos	लाओस
Liberia	लाइबेरयिा
Mexiko	मेक्सकिो
Nepal	नेपाल
Nigeria	नाइजीरयिा
Pakistan	पाकस्तिान
Russland	रूस
Sudan	सूडान
Syrien	सीरयिा
Uganda	युगांडा
Ukraine	यूक्रेन

Literatur
साहित्य

Analogie	समानता
Analyse	विश्लेषण
Anekdote	किस्सा
Autor	लेखक
Beschreibung	विवरण
Biographie	जीवनी
Dialog	संवाद
Erzähler	कथावाचक
Fiktion	कथा
Gedicht	कविता
Metapher	रूपक
Poetisch	काव्यात्मक
Reim	तुक
Rhythmus	ताल
Roman	उपन्यास
Schlussfolgerung	निष्कर्ष
Stil	शैली
Thema	विषय
Tragödie	त्रासदी
Vergleich	तुलना

Mathematik
गणित

Arithmetik	अंकगणित
Bruchteil	अंश
Dezimal	दशमलव
Dreieck	त्रिकोण
Durchmesser	व्यास
Exponent	प्रतिपादक
Geometrie	ज्यामिति
Gleichung	समीकरण
Parallel	समानांतर
Polygon	बहुभुज
Quadrat	वर्ग
Radius	त्रिज्या
Rechteck	आयत
Senkrecht	सीधा
Summe	योग
Symmetrie	समरूपता
Umfang	परिधि
Volumen	आयतन
Winkel	कोण
Zahlen	संख्याएँ

Meditation
ध्यान

Annahme	स्वीकृति
Atmung	श्वास
Aufmerksamkeit	ध्यान
Bewegung	गति
Dankbarkeit	कृतज्ञता
Freundlichkeit	दयालुता
Frieden	शांति
Gedanken	विचार
Geistig	मानसिक
Glück	खुश
Haltung	आसन
Klarheit	स्पष्टता
Mitgefühl	दया
Musik	संगीत
Natur	प्रकृति
Perspektive	परिप्रेक्ष्य
Ruhig	शांत
Stille	मौन
Verstand	मन
Wach	जाग

Meisterschaft
प्रतियोगिता

Ausdauer	सहन
Champion	चैंपियन
Finalist	फाइनल
Liga	लीग
Mannschaft	टीम
Medaille	पदक
Meisterschaft	चैम्पियनशिप
Motivation	प्रेरणा
Performance	प्रदर्शन
Richter	न्यायाधीश
Schweiss	पसीना
Sieg	विजय
Sport	खेल
Strategie	रणनीति
Trainer	कोच
Turnier	टूर्नामेंट

Menschlicher Körper
मानव शरीर

Bein	टांग
Blut	रक्त
Ellbogen	कोहनी
Finger	उंगली
Gehirn	दिमाग
Gesicht	चेहरा
Hals	गर्दन
Hand	हाथ
Haut	त्वचा
Herz	दिल
Kiefer	जबड़ा
Kinn	ठोड़ी
Knie	घुटना
Knöchel	टखने
Kopf	सिर
Mund	मुँह
Nase	नाक
Ohr	कान
Schulter	कंधा
Zunge	जीभ

Messungen
मापन

Breite	चौड़ाई
Byte	बाइट
Dezimal	दशमलव
Gewicht	वजन
Grad	डिग्री
Gramm	ग्राम
Höhe	ऊंचाई
Kilogramm	किलोग्राम
Kilometer	किलोमीटर
Länge	लंबाई
Liter	लीटर
Masse	मास
Meter	मीटर
Minute	मिनट
Tiefe	गहराई
Tonne	टन
Unze	औंस
Volumen	आयतन
Zentimeter	सेंटीमीटर
Zoll	इंच

Musikinstrumente
संगीत वाद्ययंत्र

Banjo	बैंजो
Cello	वायलनचेलो
Fagott	बासून
Flöte	बांसुरी
Geige	वायलिन
Gitarre	गिटार
Glockenspiel	झंकार
Gong	घंटा
Harfe	वीणा
Klarinette	शहनाई
Klavier	पियानो
Mandoline	मैंडोलिन
Saxophon	सैक्सोफोन
Schlagzeug	टक्कर
Tamburin	डफ
Trommel	ढोल
Trompete	तुरही

Mythologie
पौराणिक कथाएं

Archetyp	मूलरूप आदर्श
Blitz	बिजली
Donner	गरज
Eifersucht	ईर्ष्या
Held	नायक
Himmel	स्वर्ग
Katastrophe	आपदा
Kreation	सृजन
Kreatur	जंतु
Krieger	योद्धा
Kultur	संस्कृति
Labyrinth	भूलभुलैया
Legende	दंतकथा
Magisch	जादुई
Monster	राक्षस
Rache	बदला
Stärke	ताकत
Sterblich	नश्वर
Unsterblichkeit	अमरता
Verhalten	व्यवहार

Natur
प्रकृति

Arktis	आर्कटिक
Berge	पहाड़ों
Bienen	मधुमक्खियों
Dynamisch	गतिशील
Erosion	कटाव
Fluss	नदी
Friedlich	शांतिपूर्ण
Gletscher	ग्लेशियर
Heiligtum	अभयारण्य
Heiter	निर्मल
Laub	पत्ते
Lebenswichtig	महत्वपूर्ण
Nebel	कोहरा
Schönheit	सुंदरता
Schutz	आश्रय
Tiere	जानवरों
Tropisch	उष्णकटिबंधीय
Wald	वन
Wild	जंगली
Wüste	रेगिस्तान

Obst
फ्रूट

Ananas	अनन्नास
Apfel	सेब
Aprikose	खुबानी
Avocado	एवोकाडो
Banane	केला
Beere	बेरी
Birne	नाशपाती
Brombeere	ब्लैकबेरी
Himbeere	रसभरी
Kirsche	चेरी
Kiwi	कीवी
Kokosnuss	नारियल
Melone	तरबूज
Nektarine	शफ़तालू
Orange	नारंगी
Papaya	पपीता
Pfirsich	आड़ू
Pflaume	बेर
Traube	अंगूर
Zitrone	नींबू

Ozean
सागर

Auster	सीप
Boot	नाव
Delfin	डॉल्फिन
Fisch	मछली
Garnele	झींगा
Gezeiten	ज्वार
Hai	शार्क
Koralle	मूंगा
Krabbe	केकड़ा
Krake	ऑक्टोपस
Qualle	जेलफ़िश
Riff	चट्टान
Salz	नमक
Schildkröte	कछुआ
Schwamm	स्पंज
Seetang	समुद्री शैवाल
Sturm	आंधी
Thunfisch	टूना
Wal	व्हेल
Wellen	लहरें

Ökologie
परिस्थितिकी

Art	प्रजातियां
Berge	पहाड़ों
Dürre	सूखा
Fauna	पशु
Freiwillige	स्वयंसेवकों
Gemeinschaft	समुदाय
Global	वैश्विक
Klima	जलवायु
Marine	समुद्री
Nachhaltig	टिकाऊ
Natur	प्रकृति
Natürlich	प्राकृतिक
Pflanzen	पौधे
Ressourcen	संसाधन
Sumpf	दलदल
Überleben	उत्तरजीविता
Vegetation	वनस्पति
Vielfalt	विविधिता

Pflanzen
पौधे

Bambus	बांस
Baum	पेड़
Beere	बेरी
Blatt	पत्ता
Blume	फूल
Blütenblatt	पत्ती
Bohne	सेम
Busch	बुश
Dünger	उर्वरक
Efeu	आइवी
Garten	बगीचा
Gras	घास
Kaktus	कैक्टस
Kraut	जड़ी बूटी
Laub	पत्ते
Moos	काई
Sonne	सूर्य
Vegetation	वनस्पति
Wald	वन
Wurzel	जड़

Piraten
समुद्री लुटेरे

Abenteuer	साहसिक
Anker	लंगर
Crew	क्रू
Flagge	झंडा
Gefahr	खतरा
Gold	सोना
Höhle	गुफा
Insel	द्वीप
Kapitän	कप्तान
Karte	नक्शा
Kompass	दिक्सूचक
Legende	दंतकथा
Münzen	सिक्के
Narbe	निशान
Papagei	तोता
Rum	रम
Schatz	खजाना
Schlecht	बुरा
Schwert	तलवार
Strand	समुद्र तट

Regenwald
वर्षावन

Amphibien	उभयचर
Art	प्रजातियां
Botanisch	वानस्पतिक
Dschungel	जंगल
Einheimisch	स्वदेशी
Gemeinschaft	समुदाय
Insekten	कीड़े
Klima	जलवायु
Moos	काई
Natur	प्रकृति
Respekt	आदर
Säugetiere	स्तनधारी
Überleben	उत्तरजीविता
Vielfalt	विविधिता
Vögel	पक्षी
Wertvoll	मूल्यवान
Wolken	बादल
Zuflucht	शरण

Restaurant #1
रेस्टोरेंट #1

Allergie	एलर्जी
Brot	रोटी
Dessert	मिठाई
Essen	भोजन
Fleisch	मांस
Huhn	चिकन
Kaffee	कॉफ़ी
Kassierer	खजांची
Kellnerin	वेट्रेस
Küche	रसोई
Menü	मेन्यू
Messer	चाकू
Reservierung	आरक्षण
Schüssel	कटोरा
Serviette	नैपकिन
Sosse	चटनी
Teller	प्लेट
Würzig	मसालेदार

Restaurant #2
रेस्टोरेंट #2

Abendessen	रात का खाना
Eis	बर्फ
Fisch	मछली
Frucht	फल
Gabel	कांटा
Gemüse	सब्जियां
Getränk	पेय
Gewürze	मसाले
Kellner	वेटर
Köstlich	स्वादिष्ट
Kuchen	केक
Löffel	चम्मच
Mittagessen	दोपहर का भोजन
Nudeln	नूडल्स
Salat	सलाद
Salz	नमक
Stuhl	कुर्सी
Suppe	सूप
Vorspeise	क्षुधावर्धक
Wasser	पानी

Säugetiere
स्तनधारी

Affe	बंदर
Bär	भालू
Biber	ऊदबिलाव
Elefant	हाथी
Fuchs	लोमड़ी
Giraffe	जिराफ़
Gorilla	गोरिल्ला
Hund	कुत्ता
Känguru	कंगारू
Kojote	कोयोट
Löwe	शेर
Panther	तेंदुआ
Pferd	घोड़ा
Ratte	चूहा
Schaf	भेड़
Stier	बुल
Tiger	बाघ
Wal	व्हेल
Wolf	भेड़िया
Zebra	ज़ेबरा

Schach
शतरंज

Champion	चैंपियन
Diagonal	विकिरण
Gegner	विरोधी
Klug	चतुर
König	राजा
Königin	रानी
Opfer	बलिदान
Passiv	निष्क्रिय
Punkte	अंक
Regeln	नियम
Schwarz	काला
Spiel	खेल
Spieler	खिलाड़ी
Strategie	रणनीति
Turnier	टूर्नामेंट
Weiss	सफेद
Wettbewerb	प्रतियोगिता
Zeit	समय

Schlösser
महल

Drache	अजगर
Dynastie	राजवंश
Edel	महान
Einhorn	गेंडा
Festung	किल
Feudal	सामंती
Graben	खाई
Katapult	गुलेल
Krone	ताज
Palast	महल
Pferd	घोड़ा
Prinz	राजकुमार
Prinzessin	राजकुमारी
Reich	साम्राज्य
Ritter	शूरवीर
Rüstung	कवच
Schwert	तलवार
Turm	मीनार
Wand	दीवार

Schokolade
चॉकलेट

Antioxidans	एंटीऑक्सीडेंट
Aroma	सुगंध
Bitter	कड़वा
Erdnüsse	मूंगफली
Exotisch	विदेशी
Favorit	प्रिय
Geschmack	स्वाद
Handwerklich	कुटीर
Kakao	कोको
Kalorien	कैलोरी
Kokosnuss	नारियल
Köstlich	स्वादिष्ट
Pulver	पाउडर
Qualität	गुणवत्ता
Rezept	विधि
Süss	मिठाई
Zucker	चीनी
Zutat	घटक

Schule #1
स्कूल #1

Alphabet	वर्णमाला
Antworten	जवाब
Bibliothek	पुस्तकालय
Bleistift	पेंसिल
Bücher	पुस्तकें
Freunde	दोस्तों
Klassenzimmer	कक्षा
Lehrer	शिक्षक
Mathematik	गणित
Mittagessen	दोपहर का भोजन
Ordner	फ़ोल्डर
Papier	कागज
Prüfungen	परीक्षा
Quiz	प्रश्नोत्तरी
Schreibtisch	डेस्क
Spass	मज़ा
Stifte	कलम
Stuhl	कुर्सी
Zahlen	संख्याएँ

Schule #2
स्कूल #2

Bibliothek	पुस्तकालय
Bildung	शिक्षा
Bleistift	पेंसिल
Bus	बस
Bücher	पुस्तकें
Computer	संगणक
Grammatik	व्याकरण
Kalender	कैलेंडर
Lehrer	शिक्षक
Lernen	सीख
Lesen	पढ़ना
Literatur	साहित्य
Papier	कागज
Radiergummi	रबड़
Rucksack	बैग
Schere	कैंची
Stifte	कलम
Wissenschaft	विज्ञान
Wochenende	सप्ताहांत
Wörterbuch	शब्दकोश

Science Fiction
कल्पित विज्ञान

Bücher	पुस्तकें
Dystopie	डायस्टोपिया
Explosion	विस्फोट
Extrem	चरम
Fantastisch	शानदार
Feuer	आग
Futuristisch	फ्यूचरिस्टिक
Galaxie	आकाशगंगा
Geheimnisvoll	रहस्यमय
Illusion	भ्रम
Imaginär	काल्पनिक
Kino	सिनेमा
Orakel	आकाशवाणी
Planet	ग्रह
Realistisch	यथार्थवादी
Roboter	रोबोट
Szenario	परिदृश्य
Technologie	प्रौद्योगिकी
Utopie	आदर्शलोक
Welt	दुनिया

Sommer
ग्रीष्म ऋतु

Bücher	पुस्तकें
Camping	डेरा डालना
Entspannung	वशि्राम
Erinnerungen	यादें
Essen	भोजन
Familie	परविार
Freizeit	अवकाश
Freude	हर्ष
Freunde	दोस्तों
Garten	बगीचा
Meer	समुद्र
Musik	संगीत
Reise	यात्रा
Sandalen	सैंडल
Spiele	खेल
Sterne	सतिारे
Strand	समुद्र तट
Tauchen	डाइवगि
Urlaub	छुट्टी

Spielzeuge
खलिौने

Auto	कार
Ball	गेंद
Boot	नाव
Bücher	पुस्तकें
Drachen	पतंग
Fahrrad	साइकलि
Favorit	प्रयि
Flugzeug	वमिान
Kunsthandwerk	शलि्प
Lkw	ट्रक
Phantasie	कल्पना
Puppe	गुड़यिा
Puzzle	पहेली
Roboter	रोबोट
Schach	शतरंज
Schlagzeug	ड्रम
Spiele	खेल
Ton	मट्िटी
Zug	ट्रेन

Sport
स्पोर्ट्स

Baseball	बेसबॉल
Basketball	बास्केटबॉल
Bewegung	गति
Eishockey	हॉकी
Fahrrad	साइकलि
Gewinner	वजिेता
Golf	गोल्फ
Gymnasium	व्यायामशाला
Gymnastik	जमिनास्टकि
Mannschaft	टीम
Meisterschaft	चैम्पयिनशपि
Schiedsrichter	रेफरी
Spiel	खेल
Spieler	खलिाड़ी
Stadion	स्टेडयिम
Tennis	टेनसि
Trainer	कोच

Stadt
नगर

Apotheke	फार्मेसी
Bank	बैंक
Bäckerei	बेकरी
Bibliothek	पुस्तकालय
Blumenhändler	फूलवाला
Flughafen	हवाई अड्डा
Galerie	गैलरी
Hotel	होटल
Kino	सनिमा
Klinik	क्लनिकि
Markt	बाजार
Museum	संग्रहालय
Restaurant	भोजनालय
Salon	सैलून
Schule	स्कूल
Stadion	स्टेडयिम
Supermarkt	सुपरमार्केट
Theater	थएिटर
Universität	वशि्ववद्यालय
Zoo	चड़ियिाघर

Strand
समुद्र तट

Blau	नीला
Boot	नाव
Dock	गोदी
Handtuch	तौलयिा
Insel	द्वीप
Krabbe	केकड़ा
Küste	तट
Lagune	लैगून
Meer	समुद्र
Ozean	सागर
Regenschirm	छाता
Riff	चट्टान
Sand	रेत
Sandalen	सैंडल
Segelboot	सेलबोट
Sonne	सूर्य
Urlaub	छुट्टी

Surfen
सर्फ़गि

Anfänger	शुरुआत
Athlet	खलिाड़ी
Beliebt	लोकप्रयि
Champion	चैंपयिन
Extrem	चरम
Geschwindigkeit	गति
Magen	पेट
Mengen	भीड़
Ozean	सागर
Riff	चट्टान
Schaum	फोम
Spass	मज़ा
Stärke	ताकत
Stil	शैली
Strand	समुद्र तट
Welle	लहर
Wetter	मौसम

Tage und Monate
दिन और महीने

August	अगस्त
Dezember	दिसंबर
Dienstag	मंगलवार
Donnerstag	गुरूवार
Februar	फरवरी
Freitag	शुक्रवार
Jahr	वर्ष
Januar	जनवरी
Juli	जुलाई
Juni	जून
Kalender	कैलेंडर
Mittwoch	बुधवार
Monat	महीना
Montag	सोमवार
November	नवंबर
Oktober	अक्टूबर
Samstag	शनिवार
September	सितंबर
Sonntag	रविवार
Woche	सप्ताह

Tanzen
नृत्य

Akademie	अकादमी
Anmut	कृपा
Ausdrucksvoll	सूचक
Bewegung	गति
Choreographie	नृत्यकला
Emotion	भावना
Freudig	हर्षित
Haltung	आसन
Klassisch	शास्त्रीय
Körper	शरीर
Kultur	संस्कृति
Kulturell	सांस्कृतिक
Kunst	कला
Musik	संगीत
Partner	साथी
Probe	रिहर्सल
Rhythmus	ताल
Traditionell	परंपरागत
Visuell	दृश्य

Technologie
प्रौद्योगिकी

Anzeige	प्रदर्शन
Bildschirm	स्क्रीन
Blog	ब्लॉग
Browser	ब्राउज़र
Bytes	बाइट्स
Computer	संगणक
Cursor	कर्सर
Datei	फ़ाइल
Daten	डेटा
Digital	डिजिटिल
Forschung	अनुसंधान
Internet	इंटरनेट
Kamera	कैमरा
Nachricht	संदेश
Schriftart	फ़ॉन्ट
Sicherheit	सुरक्षा
Software	सॉफ़्टवेयर
Statistik	सांख्यिकी
Virtuell	आभासी
Virus	वाइरस

Theater
थिएटर

Auszeichnungen	पुरस्कार
Charisma	आकर्षण
Charmant	आकर्षक
Drama	नाटक
Emotion	भावना
Komödie	कॉमेडी
Kostüme	वेशभूषा
Kritik	आलोचना
Künstler	कलाकार
Musical	संगीत
Orchester	ऑर्केस्ट्रा
Publikum	दर्शक
Schauspieler	अभिनेता
Schauspielerin	अभिनेत्री
Talent	प्रतिभा
Tragödie	त्रासदी

Tugenden #1
गुण #1

Bescheiden	मामूली
Charmant	आकर्षक
Effizient	कुशल
Entscheidend	निर्णायक
Geduldig	रोगी
Grosszügig	उदार
Gut	अच्छा
Hilfreich	उपयोगी
Intelligent	बुद्धिमान
Künstlerisch	कलात्मक
Leidenschaftlich	भावुक
Neugierig	जिज्ञासु
Praktisch	व्यावहारिक
Sauber	स्वच्छ
Unabhängig	स्वतंत्र
Weise	ढंग
Zuverlässig	विश्वसनीय
Zuversichtlich	विश्वास

Urlaub #2
अवकाश #2

Ausländer	विदेशी
Ausländisch	विदेश
Camping	डेरा डालना
Flughafen	हवाई अड्डा
Freizeit	अवकाश
Hotel	होटल
Insel	द्वीप
Karte	नक्शा
Meer	समुद्र
Pass	पासपोर्ट
Reise	यात्रा
Restaurant	भोजनालय
Strand	समुद्र तट
Taxi	टैक्सी
Transport	परिवहन
Urlaub	छुट्टी
Visum	वीजा
Zelt	तंबू
Ziel	गंतव्य
Zug	ट्रेन

Vögel
पक्षियों

Adler	ईगल
Ei	अंडा
Ente	बतख
Eule	उल्लू
Flamingo	राजहंस
Huhn	चकिन
Krähe	कौआ
Kuckuck	कोयल
Möwe	मूर्ख मनुष्य
Papagei	तोता
Pelikan	हवासील
Pfau	मोर
Pinguin	पेंगुइन
Rabe	काला कौआ
Reiher	बगुला
Schwan	हंस
Spatz	गौरैया
Storch	सारस
Taube	कबूतर
Toucan	टूकेन

Wandern
लंबी पैदल यात्रा

Berg	पहाड़
Camping	डेरा डालना
Führer	गाइड
Gefahren	खतरों
Gipfel	शखिर सम्मेलन
Karte	नक्शा
Klima	जलवायु
Klippe	चट्टान
Müde	थक गया
Natur	प्रकृति
Orientierung	अभविनि्यास
Schwer	भारी
Sonne	सूर्य
Steine	पत्थर
Stiefel	जूते
Tiere	जानवरों
Vorbereitung	तैयारी
Wasser	पानी
Wetter	मौसम
Wild	जंगली

Wasser
पानी

Bewässerung	सचिाई
Dampf	भाप
Dusche	बौछार
Eis	बर्फ
Feucht	नम
Feuchtigkeit	नमी
Fluss	नदी
Flut	बाढ़
Frost	ठंढ
Hurrikan	तूफान
Kanal	नहर
Monsun	मानसून
Ozean	सागर
Regen	वर्षा
See	झील
Verdunstung	वाष्पीकरण
Wellen	लहरें

Wetter
मौसम

Atmosphäre	वायुमंडल
Blitz	बजिली
Donner	गरज
Eis	बर्फ
Feucht	नम
Himmel	आकाश
Hurrikan	तूफान
Klima	जलवायु
Monsun	मानसून
Nebel	कोहरा
Polar	ध्रुवीय
Regenbogen	इंद्रधनुष
Ruhig	शांत
Sturm	आंधी
Temperatur	तापमान
Tornado	बवंडर
Trocken	सूखा
Tropisch	उष्णकटबिंधीय
Wind	हवा
Wolke	बादल

Wissenschaft
वज्ञिान

Atom	परमाणु
Chemisch	रासायनकि
Daten	डेटा
Evolution	वकिास
Experiment	प्रयोग
Fossil	जीवाश्म
Hypothese	परकिल्पना
Klima	जलवायु
Labor	प्रयोगशाला
Methode	तरीका
Mineralien	खनजि
Moleküle	अणुओं
Natur	प्रकृति
Organismus	जीव
Partikel	कण
Pflanzen	पौधे
Physik	भौतकि वज्ञिान
Schwerkraft	गुरुत्वाकर्षण
Tatsache	तथ्य
Wissenschaftler	वैज्ञानकि

Wissenschaftliche Disziplinen
वैज्ञानकि अनुशासन

Anatomie	शरीर रचना
Archäologie	पुरातत्व
Astronomie	खगोल वज्ञिान
Biochemie	जीव रसायन
Biologie	जीववज्ञिान
Chemie	रसायन वज्ञिान
Geologie	भूवज्ञिान
Immunologie	इम्यूनोलॉजी
Kinesiologie	काइन्सयिोलॉजी
Linguistik	भाषावज्ञिान
Mechanik	यांत्रकिी
Meteorologie	मौसम वज्ञिान
Mineralogie	खनजि वद्यिा
Ökologie	पारस्थितिकिी
Physik	भौतकि वज्ञिान
Physiologie	फजियिोलॉजी
Psychologie	मनोवज्ञिान
Robotik	रोबोटक्सि
Soziologie	समाज शास्त्र
Thermodynamik	ऊष्मप्रवैगकिी

Zahlen
संख्याएँ

Acht	आठ
Achtzehn	अठारह
Dezimal	दशमलव
Drei	तीन
Dreizehn	तेरह
Fünf	पांच
Fünfzehn	पंद्रह
Neun	नौ
Neunzehn	उन्नीस
Null	शून्य
Sechs	छह
Sechzehn	सोलह
Sieben	सात
Siebzehn	सत्रह
Vier	चार
Vierzehn	चौदह
Zehn	दस
Zwanzig	बीस
Zwei	दो
Zwölf	बारह

Zeit
टाइम

Gestern	कल
Heute	आज
Jahr	वर्ष
Jahrhundert	सदी
Jahrzehnt	दशक
Jährlich	वार्षकि
Jetzt	अब
Kalender	कैलेंडर
Minute	मनिट
Mittag	दोपहर
Monat	महीना
Morgen	सुबह
Nach	के बाद
Nacht	रात
Stunde	घंटा
Tag	दनि
Uhr	घड़ी
Vor	इससे पहले
Woche	सप्ताह
Zukunft	भवष्यि

Zirkus
सर्कस

Affe	बंदर
Akrobat	नट
Clown	जोकर
Elefant	हाथी
Fahrkarte	टकिट
Jongleur	बाजीगर
Kostüm	पोशाक
Löwe	शेर
Magie	जादू
Musik	संगीत
Parade	परेड
Spektakulär	शानदार
Tiere	जानवरों
Tiger	बाघ
Trick	छल
Unterhalten	मनोरंजन
Zauberer	जादूगर
Zeigen	प्रदर्शन
Zelt	तंबू
Zuschauer	दर्शक

Zu Füllen
भरने के लिए

Becken	घाटी
Box	बॉक्स
Eimer	बाल्टी
Fass	बैरल
Flasche	बोतल
Karton	कार्टन
Kiste	टोकरा
Koffer	सूटकेस
Korb	टोकरी
Mappe	फ़ोल्डर
Paket	पैकेट
Rohr	ट्यूब
Schublade	दराज
Tablett	ट्रे
Tasche	जेब
Umschlag	लफिाफा
Vase	फूलदान
Wanne	टब

Gratuliere

Sie haben es geschafft !!

Wir hoffen, dass euch dieses Buch genauso viel Spaß gemacht hat wie uns dessen Herstellung. Wir tun unser Bestes, um qualitativ hochwertige Spiele zu erfinden. Diese Rätsel sind auf eine clevere Art und Weise entworfen, damit sie aktiv lernen und daran Vergnügen finden.

Hat ihnen das Buch gefallen ?

Eine einfache Bitte

Unsere Bücher existieren dank der Rezensionen, die sie veröffentlichen. Können sie uns helfen indem sie jetzt eine Meinung hinterlassen ?

Hier ist ein kurzer Link, der Sie zu ihrer Bewertungsseite führt

 BestBooksActivity.com/Rezension50

MONSTER HERAUSFÖRDERUNGEN !

Herausförderung 1

Bereit für ihr Bonusspiel? Wir verwenden sie ständig, aber sie sind nicht einfach zu finden. Es sind die Synonyme !

Notieren sie 5 Wörter, die sie in den untenstehenden Rätseln (Nummer 21, 36 und 76) entdeckt haben und versuchen sie für jedes Wort 2 Synonyme zu finden .

*Notieren sie 5 Wörter aus **Rätsel 21***

Wörter	Synonym 1	Synonym 2

*Notieren sie 5 Wörter aus **Rätsel 36***

Wörter	Synonym 1	Synonym 2

*Notieren sie 5 Wörter aus **Rätsel 76***

Wörter	Synonym 1	Synonym 2

Herausförderung 2

Jetzt, wo sie warm sind, notieren sie 5 Wörter, die sie in jedem der untenaufgeführten Rätseln entdeckt haben (Nummer 9, 17 und 25) und versuchen sie für jedes Wort 2 Antonyme zu finden. Wie viele davon können sie binnen 20 Minuten finden ?

Notieren sie 5 Wörter aus **Rätsel 9**

Wörter	Antonym 1	Antonym 2

Notieren sie 5 Wörter aus **Rätsel 17**

Wörter	Antonym 1	Antonym 2

Notieren sie 5 Wörter aus **Rätsel 25**

Wörter	Antonym 1	Antonym 2

Herausförderung 3

Wunderbar, diese Monster Herausförderung 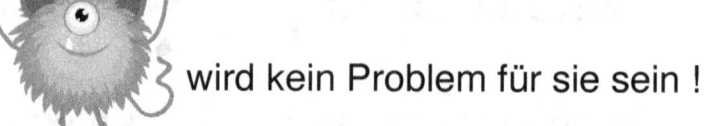 wird kein Problem für sie sein !

Bereit für die letzte Herausförderung? Wählen sie ihre 10 Lieblingswörter aus, die sie in einem Rätsel entdeckt haben und notieren sie sie unten.

1.	6.
2.	7.
3.	8.
4.	9.
5.	10.

Die Aufgabe besteht nun darin mit diesen Wörtern und in maximal sechs Sätzen einen Text herzustellen über eine Person, ein Tier oder ein Ort den sie lieben !

Tipp : sie können die letzten leeren Seiten dieses Buches als Entwurf verwenden

Ihr Schreiben :

NOTIZBUCH :

AUF BALDIGES WIEDERSEHEN !

Linguas Classics

KOSTENLOSE SPIELE GENIESSEN

GO

↓

BESTACTIVITYBOOKS.COM/FREEGAMES